この素晴らしき世界

東野幸治

新潮社

この素晴らしき世界　目次

はじめに

私、東野幸治が吉本興業で芸人として働かせていただいて、もう30年以上経ちました。まさかこんなに続けられるとは思ってもいませんでした。なんせ吉本に所属している芸人のアクの強さは半端じゃないです。私なんか普通です。凡人です。多額の借金があってサラ金から逃げてるわけでもなく、バクチに狂って劇場のその日の売り上げの金を持ってバクチに興じるわけでもなく、酒に溺れて、出番前にこっそり水筒に入れたウイスキーを呑むわけでもなく、粛々と言われた場所に言われた時間に行って、あまり文句も言わず仕事してるわけですから。

そんな私が、2017年に50歳になるのをきっかけに、「週刊新潮」にコラムを書かせてもらえることになりました。で、何を書こうかな？　と考え、とりあえず30年以上お世話になった吉本の芸人さんの中でも奇人変人名人凡人を改めて皆さんに紹介していこうと思った次第です。

どうしても今の芸人さんのエピソードより私が20代で聞いた師匠や兄さんや姉さんのエピソードの方が、キツくて面白くてほろ苦くてメチャクチャでイイんです。

40年ぐらい前に、ある師匠が劇場で漫談している時、客から「おもんないぞ〜」と野次られると、漫談を途中でやめて袖に消えていった。しばらくすると師匠はノコギリを持って客席に降りて行き、「誰じゃ！　今おもんない言うた奴！　殺したらぁ！」。

止めに入るお客さんや芸人さん達。ノコギリを振り回す師匠。逃げる客。その話を私にしてくれた芸人さん曰く、その状況が一番面白かったそうです。

笑いに命をかけてるからこその蛮行なのか？　ただ単に異常に気が短いだけなのか？

今となっては誰にもわからないですが、そんな奇人変人名人凡人を紹介していきます。

写真　青木登（新潮社写真部）
装幀　新潮社装幀室

この素晴らしき世界

西川きよし師匠の話

最初にご紹介する芸人さんは、やっぱり西川きよし師匠です。誰もが知っている吉本の顔。やすしきよしという漫才コンビを組み、数々の賞を総なめにして、後に国会議員に。現在はテレビや舞台で大活躍。

そんなきよし師匠の性格は至って真面目で涙もろい。そんな人柄からくる突飛な行動や言動について、いつの頃からか後輩芸人がおもしろエピソードとして、テレビやラジオで喋りだしました。私もその一人ですが。言い訳ではないですが、それもこれも吉本芸人みんなから愛されているからなんです！

例えば街でグルメロケをしていても一般の人から「きよっさん！」と言われれば、目の前のお店に入らなければいけないのに、店の中でシェフが待っているのに、声をかけてくれたその人の前まで行って深々と頭を下げて「声かけてくれてありがとうございます！」と言って話し込んでしまう。

また「きよし！　いつも観てるで」と言われれば、店の中で、この後食べるハンバーグがちょうど良い感じに焼けてるのに、行って頭を下げて話し込んでしまう。

結果、そのお店に入るのに1時間かかって、カメラのテープがなくなりテープチェンジしないといけない……なんて事がザラにあります。

当たり前ですが、そんなきよし師匠のおもしろエピソードは一つや二つじゃきかない。何百何千とあるでしょう。現に、この今もおもしろエピソードは誕生してるでしょう。


この間、聞いた話の舞台は、きよし師匠がもう何十年も通っている大阪の有名なイタリアンのお店。その店で大阪の人気歌手、円《まどか》広志さんときよし師匠が二人きりで食事をすることがあったそうです。

きよし師匠の昔話を中心に、至近距離であの目玉に吸い込まれそうになるのを必死でこらえながら、1時間ほど喋ってたら、さすがの円さんも疲れてきて、

「ちょっとトイレ行ってきます」

と言って便座に座って少し休んでたそうです。

しばらくして席に戻るときよし師匠がいない。

「あれ？　トイレに行ったのかな？　行き違いになったのかな？」

店の人に、

「きよし師匠はどこ行ったんですか？」

と聞くと、

「円さんがトイレに入ってしばらくして、いきなり店から出て行きました」

全くもってわからないきよし師匠の謎の行動。どうしていいかわからず、困っていると、しばらくして息を切らして汗だくのきよし師匠が戻って来ました。

「師匠、どこ行ってたんですか？　心配しましたよ！」

「ハァハァ良かった！　ハァハァ円くんが僕との食事面白くないから帰ったと思って」

「エッ！」

「ハァハァ店出て円くんを探したんや。ハァハァどこ探してもおれへんから……。あきらめて戻って来てん。いや～良かった！　円くんありがとうなぁ」

至って真面目に答えるきよし師匠。

「師匠違いますよ。本当にトイレに行ってたんです。ちょっとボーッとしてたんです。すんません」

「いやー良かった。トイレか！」

なぜ食事中に勝手に帰ったと思ったのか。なぜそんなに自分に自信がないのか。謎の思考回路。

バラエティー番組「秘密のケンミンＳＨＯＷ」の収録でも謎の思考回路を披露したそうです。

スタッフさんに「本番始まったら、きよし師匠、カメラに向かって『大阪、最高！』と言ってください」と言われて、「わかりました」と。しかし、

「緊張するわ、緊張するわ……。『大阪、最高』『大阪、最高』」

と小さな声で練習するきよし師匠。隣に座っていた若手芸人、千鳥のノブ君が「師匠、大ベテランなのに一言のセリフで緊張するんですか？」。

聞かれたきよし師匠は諭すように、

「ノブ君、いつの時代になっても決めのコメントはベテランでも緊張するもんやで」

と喋りの難しさを熱弁。

そして本番。スタジオにいる全員が大きな拍手、そしてきよし師匠がカメラにアップになり、決めのコメント。が、「大阪、最高！」と言うはずが、大きな声で、

「緊張するわ〜」

どこというわけでなく遠くを見つめる出演者やスタッフさん。そしてきよし師匠に静かに近寄るスタッフさん。

それから改めて、何事もなかったように大きな声で「大阪、最高！」と言うきよし師匠。自ら率先して手を叩くきよし師匠。

今日もどこかで、愛すべき男、西川きよしは吠えている。

最近こんなことしてます。　西川きよし

僕、４年前に前立腺がんの手術を受けました。初期段階の早期発見だったのですが、今後の

ことも考えて、前立腺全摘手術となりました。手術自体は楽にさせてもらって、術後の定期検査でもお墨付きを貰っているのですが、術後の後遺症の一つである尿もれに大いに苦労して、何年たってもなかなかひどく、さすがの僕も日に日に憂鬱な毎日になって……。

主治医と相談して、尿を人工的に調節してくれる機械を埋め込む手術をする事になりました。人工尿道括約筋の手術ということらしいです。詳しくは調べてみて下さい。

一大決心して受けた手術で、一つの睾丸に尿を調節する機械が埋め込まれました。小さい電池くらいかな。そうしたら、もう快適な毎日が戻ってきて、孫たちとプールで泳いで遊べるようにもなって、もっと早《は》よしたらよかったなぁと思うくらい。

ただ問題は、自分自身が急に倒れたり、意識がなくなった時に、それを医師や救急の方に説明して適切な処置をしたり、機械のボタンでスイッチをオフにして停止させたりしないと、破裂の危険性があるそうで。僕やヘレンはもちろん、付き人や、娘に息子、息子の嫁や、孫にまで「ここや！　ここやで！」とお試しでスイッチオフを練習してもらいました。恥ずかしいとか言ってる場合ではないからね。

そんな話を最近、楽屋で桂文枝さんにしていたら、「西川さん、僕にもちょっとやらしてくれへんか?」と。文枝さんとは50年以上の付き合いで、お互い年取ったなぁと言いつつ、「ここや！　ここやで！」と試してもらったのが、最近の僕です。

愛すべきアホ、坂田師匠

アホの坂田といえば、言わずと知れた、75歳を超えるお笑い芸人（本当の芸名は坂田利夫です）。アホにプライドを持っており、「芸人はお客さんに笑ってもらってナンボ」という言葉通り、生涯一アホを貫いていこうという心意気がカッコ良い。その反面、女性にはシャイで目を見て喋ることが出来ず、頑張って喋ったらなぜか東京弁になるというカッコ悪い師匠です。

そして、「口が臭い」と誰かに言われてから特に気にして口臭予防をマメにし、喋る時は手で口元を覆いながら喋るとても優しい師匠です。

仕事でアホなことをするけどプライベートでも数々のアホエピソードがあり、吉本芸人みんなから愛されています。もちろん私も大好きです。

関西ではよく知られたエピソードのひとつですが、坂田師匠は下着を洗わないんです。「わびしい」という理由から何十年にもわたり、新品のブリーフを穿いては捨てる……を繰り返しています。

若手芸人が坂田師匠の家でロケをしてた時、ベッドの下からエロ本ではなく、春画が発見されたこともありました。あの歳だからあのタッチの絵が良いらしいです。

焼肉屋さんで「もう歳やからあんまり肉食べられへんねん」と言って焼き魚定食を注文する師匠。お店も文句を言わず作ってくれる。歩くのが嫌いで100メートル先でもタクシーを使う。髪の毛がほぼなく、なで肩で、普段歩かないから脚は細く、ふくらはぎには筋肉がない。仕事で宇宙人の役をする時、シルバーの全身タイツを着たら精子の親分にしか見えない……。

昔々、師匠がまだ若い頃、売春婦を抱くのが恥ずかしくて、冬の夜の寒い公園で二人でブランコに乗ってたら、「早よ、ホテル入ろ」とキレられるシャイな師匠。……挙げていったらキリがないほど、エピソードに溢れています。

そんな師匠は1972年に「アホの坂田」という曲を大ヒットさせました。誰もが一度は「アホ♪アホ♪アホの坂田〜♪」というサビの部分を聞いたことがあると思います。なんとその年、春の選抜甲子園の入場行進曲の候補にまでなったというから驚きです。それに当時は、坂田という名字の子供達が学校でからかわれたりいじめられたりして、大きな社会問題になり国会でも議論されたそうです。

今改めて「アホの坂田」の歌詞を読むとメチャクチャです。

「蚊取り線香粉にして、蕎麦にふりかけ食ってみろ」だとか「アホの坂田、茹でて冷して皮むいて、通天閣から突き落とせ」、もう公開殺人です。

そんな師匠が2015年、自宅でつまずき転倒しました。その時、右大腿骨を骨折して手術のために入院しました。私も心配だったからお見舞いに行きました。

「師匠、大丈夫ですか？」

病室に入るとパジャマを着た師匠がベッドで横になっていて、

「おぅ！　来てくれたんか？　ありがとうさん！」「みんな見舞いに来てくれてな。うれしいで」

元気いっぱいの師匠でホッとしました。

「大変なことないですか？　困ったことがあったら言ってくださいね」

すると師匠は恥ずかしそうに語りだしました。

「骨折ったやろ。一人でトイレ行かれへんねん。だから看護師さんにパンツずらされてな」と言いながら師匠は自分のパジャマと中のパンツを脱ぎ、チンコをポロッと出してさらに続けます。

「チンコ触られてな。尿瓶《しびん》にチンコ入れられてなぁ。そこにオシッコせなあかんねん。でも、でーへんやろ。チンコ触られてオシッコは。だから看護師さんが『シーシーシー』言うてなぁ。俺、子供やないねんで。恥ずかしいわ。チンコは小ちゃいし。チン毛には白髪交じってるし」と、チンコを触ったり、白髪交じりのチン毛を手でワサワサしながら喋る師匠。それから金玉を触りだして「金玉は自信あんねん。見てみ、東野。デカイやろ金玉」と言いながら中指と薬指の腹で下から金玉を持ち上げて私によく見せようとしてくれました。師匠はチンコと金玉の話もそこそこに、その後は仕事の話や独り暮らしの話を真面目にしてきました。でもその間ずっとチンコは出したままでした。途中、看護師さんが体温を計りに来た時にやっと「チンコ出したままや！」って気がついて可愛く笑いながら腰を浮かせて、パジャマを上げてくれました。

そんな可愛い師匠には、とても後輩思いの優しい一面もあります。中川家の剛《つよし》がもう20年も前、パニック障害を患っていました。舞台で喋るのが辛くて悩んでた時、坂田師匠が「剛！　喋られへんかったら喋られへんかったで舞台でアホな顔して笑《わろ》とったらええねん」というアドバイスをしたそうです。そのアドバイスが心に響いて剛は少しずつパニック障害を治していきました。とてもいい話なので坂田師匠に聞くと、

「それみんなによう言われんねん。『剛にめちゃくちゃいいアドバイスしたそうですね』って、わしそんなん言うたかなぁ？　全然覚えてへんねん」

師匠は照れて言うてるのか？　本当に忘れたのか？　照れて言ってると信じたいです。

でも皆さんが街で師匠を目撃しても決して「アホ～！」と呼びかけないでください。たとえ好意的な「アホ～！」だとしても、テレビでは見せたことがないとても怖い顔で「誰がアホじゃ！　もういっぺん言うてみい！」と怒鳴られます。アホにプライドを持っており、「芸人はお客さんに笑ってもらってナンボ」と普段から言っているのに？

一度、坂田師匠に「道で『アホ～』て言われたら何でキレるんですか？」って聞いたことがあるんです。

「芸でアホしてたらファンの方は好意的に『アホ』って言うじゃないですか？」

「テレビでアホ言われるんはええねん。プライベートでアホ言われるんは、めちゃくちゃ腹立つねん！」

と強く言われました。

「でもケンカなるでしょ。『誰がアホじゃ！』って言ったら相手もカチンときて。そんな時どうするんですか？」「だから鞄にいつもメリケンサックを入れてるねん。こんな時代やから頭おかしい奴いっぱいおるから。自分の身は自分で守らなあかんと思って」

坂田師匠はいざという時メリケンサックを使うつもりです。メリケンサック……ネットで調べてみると、「指にはめて拳の破壊力を上げる鉄製の武器」と書かれていました。師匠が言う、「こんな時代の頭のおかしい奴」を、私は一人見つけてしまいました。

75歳を超える芸人は、まだメリケンサックを鞄に忍ばせているのか？　今度会ったら聞いてみよう。

最近こんなことしてます。　坂田利夫

今も変わらず、月に何度か舞台に立っております。

2020年1月公開の映画『嘘八百 京町ロワイヤル』に、紙すきのおじさん役として、出演もしております。第1弾の時から好評で続編も出演が決まり、撮影当日はアドリブも入れながらお芝居を頑張りました。

イイでしょ、品川祐

品川祐《ひろし》君は、東京NSC（吉本総合芸能学院）の1期生で、1995年、品川庄司を結成。ボケ担当。お笑い好きなら知っていると思いますが、自他共に認める東洋一の嫌われ芸人。相方の庄司智春君は元モーニング娘。の藤本美貴さんを嫁に持つ筋肉芸人として、時に赤いパンツ一丁で「ミキティー！」と叫ぶ絶叫系のギャグを武器にしています。

品川君はダウンタウンさんに憧れて芸人を目指しただけあって、若い頃は特にとんがっていました。クソ生意気で人のボケには一切笑わず、気に入らない芸人やスタッフがいれば腕力と笑いの量で完膚なきまでに叩きのめし「俺の方が面白かったでしょ」「俺の方がウケてたでしょ」と堂々と言い切る可愛げの欠片《かけら》もない芸人さんでした。

当たり前ですが、そんな品川君の言動をみんなが煙たがっていました。というか嫌っていました。それでも面白ければゴールデンで冠番組が持てるのが芸能界。ダウンタウンはじめ冠番組を持っている先輩方を横目に、さぁ次は俺たち品庄が天下を取る！と、腕をブルンブルン回してスタンバイしてました。しかし、何回腕を回せど、冠番組の順番は回って来ません。

そんな若手時代の品川君の、血気盛んなエピソードがあります。かつて吉本が持っていた銀座7丁目劇場で、先輩芸人である極楽とんぼ、ロンドンブーツ1号2号、ココリコが卒業したあとの「劇場の顔」を1年先輩のダイノジ（大谷ノブ彦と大地《おおち》洋輔）と品川庄司が争っていました。「劇場の顔」＝若手のトップになれば出番も増えるし、テレビに出るチャンスもある。なんだったらレギュラー番組をもらえる。いや、ゴールデンの帯で自身の冠番組ができるかもしれない。そんなことを夢見ていました。

しかしある時、庄司君が劇場の支配人のデスクの上に一冊の大学ノートを見つけました。なんと表紙には「ハローバイバイ、スター化計画」と書かれています。

「えっ！　劇場の顔になるのは、後輩のハローバイバイ……!?」

まさかの展開に焦る庄司君。相方に言うべきか？　でも喧嘩っ早い品川は何をするかわからない。いきなり支配人のところに行き「俺たちはなんで劇場の顔になれないんだ!?　なんでハローバイバイなんだよ!?」と詰め寄ってタコ殴りするかもしれない。そうなると劇場にも出られなくなるだろうし、ヘタすると吉本をクビになるかもしれない……。考え抜いた挙句、ダイノジから話してもらうのがいいと、品川君を劇場に呼び出したそうです。ライバルに頼むとは、庄司君らしい離れ業ですが。

ダイノジと庄司君が「悔しいけれど仕方がない」と、そんな空気でいたところに現れたのが品川君。

「なんだよ。大事な話って」

大谷君が話します。

「劇場の顔はハローバイバイらしいぞ」「えっ？」

大地君と庄司君はただ、うつむいてる。念を押すように、「ハローバイバイ、スター化計画。それが会社が出した結論だそうだ」……静まりかえる、劇場の廊下。沈黙の中、品川君の顔はどんどん歪んでいき、呼吸もおぼつかなくなりながら「どういうことだ！」、そう叫び便所に走っていきました。すぐに何かを蹴る音が聞こえてきたといいます。今日で最後、地球が終わる。大袈裟ではなく本当にそんな気持ちだったと、後に品川君が教えてくれました。

もう少しキャリアを積めば、今回は諦めて、次のチャンスを待つという考えに及ぶんですが、若い頃は品川君だけでなく、みんなこんな気持ちで毎日戦っていました。


そして、ついに「アメトーーク！」という番組で事件が起きました。再ブレイク前夜の有吉弘行《ひろいき》君に番組内で、「おしゃべりクソ野郎」というあだ名をつけられ、品川君が見事にぶっ倒れたんです。日本中のお笑いファンや芸人が拍手喝采、胸をスカッとさせました。「よくぞ言った！」「まさにその通り！」。

そんな有吉君は品川君を踏み台に、見事再ブレイク。そして今では、品川君が欲しくて欲しくて仕方がなかった冠番組を多数持つ売れっ子芸人さんになりました。一方、品川君は「ショックで立ち直れない」という可愛げは全然なく、すぐに立ち上がりファイティングポーズを取りました。そして持って生まれた鼻持ちならない喋りで薀蓄を披露しては笑いを取って、さらに売れるチャンスを窺います。

先輩から「見た目が大事」と聞けばオーバーオールを脱ぎ捨て一流ブランドを羽織り、丸坊主から洒落た髪型に変えて、あご髭をたくわえました。売れるための努力は苦にならない品川君で、「仕事のできる男は体を鍛えてる」という本を読めば、相方が筋肉キャラなのに体を鍛えだし、せっせと炭水化物を制限。まさかの、コンビでキャラかぶりです。

さらにターボがかかった品川君は宮沢賢治の「雨ニモマケズ」状態になっていきます。西で芸人が料理を作りだすと我先に料理を勉強して本を出版し、東に家電に詳しい芸人がいると聞けば自分も家電に詳しくなり、南にガンダムに詳しい芸人がいると聞けば自分も貪るようにガンダムを勉強してトークし、ガンダムファンから「間違った情報言うんじゃねぇ！　ガンダム知らねぇだろ！」と言われ、北で「ひな壇芸人」という言葉がウケたら、自らバラエティー番組での所作やオンエアされるためのテクニックを、したり顔で披露したりしました。

もちろん評価されたものもたくさんあります。小説の執筆や映画の監督など裏方として表現すれば常に成功しているんです。

歳のせいもあるけど、例のあだ名をつけられてから、イジられることが増えてきて少しずつニコニコしていることの多い品川君になっていきました。いわゆる、丸くなったってヤツです。そう感じた私は「何か面白くないな。こんな品川は品川じゃない！　クソ生意気な品川が大好きだ！」と思い、「アメトーーク！」で「どうした⁉品川」という企画をやりました。

「品川は嫌われてこそ品川だ！　品川に可愛げなんかいらない！　韓流スターみたいな見た目になるな！　丸坊主に戻れ！」などなど、品川君にとってはいい迷惑ですが番組で延々と説明してイジり続けました。でも彼は万能ですからそこで「イジられること」に次の道を見つけました。

そこからの品川君は嫌われ芸人、好感度低い芸人の称号を一手に引き受けて、自虐ネタを貪り、笑いを取っていきます。「昔ADにキツくあたり嫌われ、そのADがプロデューサーになってからテレビに呼んでもらえません、レギュラーはゼロです！」「汐留の日テレはエレベーターが来るのが遅いってみんな言うけど俺はそもそも日テレの仕事が来ない！　だからわからない」と次から次へと自虐を畳み掛けて爆笑をかっさらっていきます。新規の嫌われ芸人が嫌われエピソードを喋っても、さらに上をいく嫌われエピソードで新規より大きな笑いを取り、ほくそ笑み、新規の嫌われ芸人にも嫌われていきます。前後左右、敵だらけです。

だからこそ光り続ける品川祐。皆さん、イイでしょ品川祐って。

最近こんなことしてます。

品川祐（品川庄司）

「アメトーーク！」の企画「どうした!?品川」以降、かなり芸人としての考え方、生き方が変わり、芸人からの見られかたも良い方に変わりました。

それもこれも東野さんのおかげ、本当に「いじっていただいてありがとうございます」と思う気持ちの反面、あの企画以降、自虐の話ばかりする体質になってしまい、47歳にして威厳がゼロ。レギュラーはMXの深夜2時から1本のみ。

それもこれも東野さんのせいだと思っています。

「あんだけいじっといて、自分の番組には全然呼ばねえじゃねえか」という思いもあるにはあります。この僕に対する章も、メチャクチャありがとう半分、いじってんじゃねえよ半分です。

とは言え、これからも、たまにいじっていただけると嬉しいです。

ツッコみ続ける男、ほんこんさん

「どういうことやねん！」と聞こえたら、そこにはいつもほんこんさんがいる。本名、蔵野孝洋。

「吉本ブサイクランキングの初代殿堂入り」の肩書きでおなじみのほんこんさん。学生時代のニックネームは「壺」。でも実はブサイクをイジられるのは最初抵抗があったそうです。

事務所が撮るタレントの宣材写真でも伊達メガネをかけてブサイクな顔を隠そうとしてました。もちろん伊達メガネだけで隠れるほどヤワな顔じゃなくブサイクはあっさりバレてました。

そんなほんこんさんの中ではルールがあり、ブサイクをイジっていいのはダウンタウンさんや今田耕司さんなど限られた人だけ。嫌いな先輩や後輩がイジるとあからさまに嫌な顔をしてました。理由は「俺の顔イジってスベられたら腹が立つ」「俺の顔をイジって簡単に笑いを取ってもお前の手柄やないねん。俺の顔のおかげやねん」という考え方でした。

ほんこんさんが、130Rというコンビを組んでいるのを知らない人も多いと思います。相方はいまや個性的な演技でドラマや映画に引っ張りだこ、さらには映画『火花』で監督もした板尾創路《いつじ》さんです。ここ何年も目立ったコンビ活動はほぼしていません。ほんこんさんの現在の活動は新宿のルミネtheよしもとという劇場で吉本新喜劇の座長として出演したり、関西を中心にテレビ出演したりしています。

私とはもう30年ぐらいの付き合いです。

芸歴でいうとほんこんさんが1年先輩で、今田耕司さんと同期です。当時は根暗だった2人。吉本のタレント養成所（NSC）で共に授業を教室の片隅で静かに聞いていて、ほんこんさんのほうから「茶ぁ行こか？」と誘い、仲良くなるのに時間はかからなかったそうです。その2人にもう1人の男が加わります。パンチパーマにギョロッとした目ですきっ歯。以前の仕事はトラック運転手。島田紳助さんに憧れて弟子入りをお願いしましたが断られ、紳助さんにNSCを紹介されて入学してきた男。それが板尾創路さんです。

この3人の関係もややこしくて、そもそも最初は今田さんとほんこんさんがコンビを組んでいて、コンビ名はダブルホルモンズ。今田さんが上ロース、ほんこんさんが骨付きカルビという芸名でした。少しコンビ活動をしていたんですが、喧嘩が絶えませんでした。今田さんの度重なる遅刻が原因です。ほんこんさんがよくキレてました。待ち合わせ時間を3時間過ぎても来ない今田さん。携帯電話もない時代です。「何かあったのか？　事件に巻き込まれたのか？」心配性のほんこんさん。今田さんは3時間遅刻したので「さすがに帰ったやろ」と思ったが、念のため待ち合わせ場所を遠くから見ると、律儀に待っているほんこんさん。「いてるやん！　3時間待ってたん？　嫌やわ！　今さら顔出されへんわ！」気まずいので、こっそり帰る今田さん。

後日、その話をみんなの前ですると「どういうことやねん！　せめて声掛けろよ！」とツッコみ、みんなが笑うと上機嫌になるほんこんさん。そんなこともあって、最後は今田さんの家でネタの稽古をすることになりました。

それでも今田さんは前日のバイトの疲れで布団から出てこなくて、「あと10分寝かせて」「もう10分」……。ほんこんさんは布団の横でただ座って待っていたそうです。小さな声で「どういうことやねん！　なんで起きてこーへんねん！」そう言って稽古もせず今田さんの家を出て行くほんこんさん。そして、解散。

次にほんこんさんは、ホンコン・マカオというコンビを組みます。これは板尾さんが以前コンビを組んでいた時のコンビ名で、板尾さんがこのコンビを解散していたので、ほんこんさんが「ホンコン・マカオというコンビ名くれ」と言って板尾さんにいただいたそうです。

つまり、ほんこんさんは2代目ホンコンで初代ホンコンは板尾さんということになります。

ホンコン・マカオは面白いコントをしていたんですが、3年ぐらいして相方のマカオさんが「おい（私）は休日とか祝日祭日は遊びたいんよね。働きたくないんよね。世間が休みの時はおいも休みたいんよね」と言い、解散。

「どういうことやねん！　休みの日に働きたくないって！　世間が休みの時に働くのが芸人やろ！　俺どうしたらええねん！」

お笑いを辞めるかもう一度誰かとコンビを組むか？　悩んだ挙句、同期の仲がいい3人組の1人、板尾さんと130Rというコンビを組むことになります。

これでようやく、130Rが誕生したのでした。

そんなほんこんさん、数々の伝説を残しています。

「ダウンタウンのごっつええ感じ」という番組にレギュラー出演している時、裏番組である、あのNHKの大河ドラマから出演依頼がきました。普通ならあり得ないことです。

「役者の経験のあまりないほんこんさんになぜ？」

「大河の監督から直々のオファー？」

聞けば、監督がたまたま「ごっつええ感じ」に出演しているほんこんさんの顔を見た瞬間に「この顔だ！　是非、彼を大河に呼んでくれ！　リアルな百姓の顔は彼しかいない！　彼の顔は今じゃないんだ！　この時代なんだよ！」と言ったらしい。

そんな監督の強い強いラブコールにほんこんさんは、「どういうことやねん！　結局、顔かい！　芸とちゃうんかい！」とツッコみましたが、「そこまで言われたら、やるわ」

役を軽く演じたそうです。

というこことで特例ですが「ごっつええ感じ」にも出演しながら裏番組の大河にも百姓役として出演して、畑を耕して、お代官様に歯向かって打ち首にされ、さらし首にされる役を軽く演じたそうです。

話は変わりますが、ほんこんさんはちょうどいい耳たぶをしているそうです。

ダウンタウンの浜田さんは人の耳たぶを触るのが大好きです。

「どの耳たぶでもいいってわけではなくて、ちょうどいい触り心地があって、大きさや柔らかさがあるねん」

その浜田さんが一番触りたい耳たぶがほんこんさんの耳たぶだそうです。

共演したらほんこんさんは大変です。

浜田さんが横に座ってきて、人差し指と親指でほんこんさんの耳たぶを挟んでは下に引っ張る。雑誌を読みながら耳たぶを引っ張ったり、別の共演者と喋りながら耳たぶを引っ張ったりします。その度にほんこんさんが「痛っ！」とリアクションをします。

浜田さんはそのリアクションを気にもとめず、また引っ張る。「どういうことやねん！　後輩が見てるやろ！　やめろ！」などとツッコむほんこんさん。なおも触る浜田さん。

「俺の耳たぶだけ切れ！　その耳たぶやるわ！　それを好きなだけ引っ張っとけ！」とツッコむほんこんさん。笑う浜田さん。それで、耳たぶ引っ張りは終わります。

ただ引っ張るわけではなく2人の中ではルールがあり、ほんこんさんのツッコミのワードで浜田さんが笑うまで、ほんこんさんは耳たぶを引っ張られ続けます。普通の世界では考えられないエピソードです。上司が部下の耳たぶを引っ張るんですから。部下は嫌がり、上司はガハハハ！　と最後は笑うわけですから。完全にパワハラです。会社だったらかなり問題になるでしょう。

でも我々、芸人の世界では番組本番前の日常の光景です。楽しいから日々こんなことをやってます。でもほんこんさんは微妙に嫌がるんです。それがドSの浜田さんにしたら楽しくて仕方ない。もちろん浜田さんが人の耳たぶを触るのが好きだからやっているのが前提ですが。

本番前のこういった2人の掛け合いが本番で生きることもあります。もちろん、生きないこともあります。

また話は変わりますが、私が結婚した時、ほんこんさんはお祝いをしてくれました。ご飯を奢ってくれてお酒もたらふく飲ませてくれました。朝方まで2人で飲んでタクシーに乗って帰りました。ほんこんさんの家の前に着きました。酔っ払ったほんこんさんは財布から一万円札を3枚くれました。

「祝いやから。あとタクシー代もそれで払っとってな。おめでとう」

カッコよくそう言って、扉が開いて降りて行きました。降りたところは電信柱の脇のゴミ置場。酔っているので足元がおぼつかず、ゴミ置場に大量にあるゴミ袋に前のめりに倒れて行きました。ドサッ！　扉が閉まる瞬間、「どういうことやねん！」って聞こえてきたような気がしました。「ありがとうございます」という心の中のお礼もそこそこに走り去りました。

実は優しくて繊細でシャイなほんこんさん。沈黙は苦手、場を和ます時はいつも下品な下ネタ。そんな不器用な男。それがほんこんさんです。

下ネタといえば、私と妻とほんこん夫妻とで車に乗っていた時も不器用な下ネタが炸裂しました。私が運転していて助手席に妻、ほんこん夫妻は後ろに座り、ご自宅まで送っている途中の静かな車内。ほんこんさんは沈黙に耐えられなくなったのか唐突に、

「家帰ったら、乳首舐めさせてや〜」

「今日も明日も抱くで〜」

車内に響き渡るほんこんさんのだみ声。嫌がる奥さん。

「やめてよ！　東野さんが聞いてはるねんで」

「アホか！　東野に聞かせてんねん。『帰ったらお尻の穴舐めてや〜いつもみたいに〜』」

「舐めたことないやん！　アホなこと言うのやめて！　気持ち悪い！」

私にはわかるんです。ほんこんさんが気を使って下ネタを言って場を和ませてるのが。だから私も愛想で笑うのです。

愛想笑いしながら、横に座ってる嫁を見たらものすごく気持ち悪がっているんです。ほんこんさんはそれに気づかず、私の嫁も笑ってると思ってさらに下ネタを言うのです。

「今日はほんこんちゃんを縛ってよ～。ほんこんちゃんは縛られるのが大好きなの～」

「そんなんしたことないやん！　嘘つかんといてよ！　も～どういうこと～」

とにかく私はほんこん宅に急ぎます。その日ほんこんさんがお尻の穴を舐めてもらえたかどうかは……みなさんのご想像にお任せします。

最近こんなことしてます。　ほんこん（130R）

去年の秋から、月1のラジオがレギュラーになった。

許される男、メッセンジャー黒田

メッセンジャーという漫才コンビの黒田有《たもつ》君という男は不思議な芸人です。漫才では関西の賞を総なめにし、テレビでも売れっ子、トントン拍子でスターの座に駆け上がっていきました。

そんな黒田君、関西のテレビをつければいつも汗だくで怒っています。色んなことに、怒ってる？　それともツッコんでる？　どっちかわからないが、とにかくいつも怒鳴っている。「東京の番組はしょーもない！　カンペに書かれたこと喋ってるだけやろ！あんなもん誰でもできる仕事や！」「どうせお前らグラビアの女は、テレビ出るためにプロデューサーに抱かれてるんやろ！」「何でもかんでも『美味しい〜！　口の中で甘さが広がる〜！』とか味もわからんのに適当なこと言うな！」。

彼の一言一言に、番組を観覧に来た年配のおばさん達は大笑い。

「何を笑とんねん！　おばはん！」

黒田君のツッコミで更に笑い、仮におばさん達が笑ってなくても、「おい！　金も払わんと観に来て何で笑わんねん！　どうせ行くとこないんやろ！」と憎たらしい顔でポケットに手を突っ込みながら怒鳴ると、ナゼかおばさん達は笑ってしまうのです。私は普段、東京で仕事をさせてもらってるので、関西で黒田君とレギュラー番組をするようになっててビックリしました。東京の番組でお客さんにそんなことを言うタレントはいません。心無い私ですらそう思うのだから、黒田君の客イジりは相当酷い。

一度楽屋で「黒田、何でお客さんにあんな汚い言葉遣いするん？　お客さん怒らへんの？」と聞いたことがあります。その時、黒田君は「こっちは嘘でも笑かしてやってんのに。全然笑わへん。ほんなら来るなや！　って思うんですよね」と、至って真面目に答えました。本気で客にキレてんねや……。私とはあまりにもタイプが違います。だから私としては興味津々です。

メチャクチャなのに、関西の人達から愛されてる男。黒田君は特に、おじさんおばさん達から愛されています。いわゆる、「可愛げ」のある芸人というヤツです。

明石家さんまさんに、ある芸人が、「テレビに出るために必要なのって何ですか？　笑いの才能ですか？　それとも別の何かですか？」と聞いたら、さんまさんは、「テレビに必要なのは可愛げやろ」と即答したそうです。その「可愛げ」が黒田君にはある。正確に言うと「可愛げ」があると私だけは思っているんです。犬で言うと黒田君は血統の良い犬ではありません。雑種です。当たり前ですが家の中で飼ってもらえません。庭でも飼ってもらえません。ただの野犬です。近寄ってくる人には「ガルルルルゥ」と唸り、人を寄せつけません。でも夕方になると人気のない神社の片隅で寂しそうに「クゥ

〜ン」と鳴いています。「本当はみんなと楽しく遊びたいんだよ」と言いたげに「クゥ〜ン」と更に大きく鳴きます。黒田君の場合はその「クゥ〜ン」の部分が「可愛げ」だと思います。

みんながイジりたくなる芸人。色んな人達からのムチャぶりにもノリツッコミで返す（最近あまり観ない技法ではありますが）。そしてお客さんだけに限らず芸人さん達も笑う。たとえ笑わなくても黒田君の「なんやお前ら、笑わんな。何しに来たんや！」で結局、みんなが笑い、気がつけば黒田君が話の中心になっている……。毎回そうです。どんなに悪態をついても、可愛げがあり憎めない。可愛げのなさを自覚している私としては、悔しい限りです。

そんな黒田君は酒癖が悪くて有名です。この世界に入った当初から酒での失敗は数知れず。漫才の出番に遅れたり、酔ったまま舞台に立って相方のあいはら君にめちゃくちゃにキレられたり、当時ボクシングの世界チャンピオンだった徳山昌守選手に酔った勢いで頭突きをしたこともありました。特に若手の頃は黒田君と中川家の２人はいつも飲んでいました。飲んでは３人で喧嘩してまた飲んで……。「酒場であの３人に会ったら逃げろ！」というのが若手芸人の合言葉になっていたぐらいです。

一度、まだ売れる前の黒田君と中川家の３人が酔っ払った一般の方と口論になり、一触即発の状態に。数名の警察官が来て、もみくちゃになったことがありました。もちろん捕まることもなく注意されただけで終わったのですが、これが後日、全国放送のテレビ番組「警察24時」で大阪の酔っ払い同士の喧嘩としてオンエアされてしまいました。泥酔していたのでテレビカメラが回っていることに気がつかなかったそうです。全員の顔にモザイクがかかり、声もボイスチェンジャーで甲高くなっていてバレなかったのが不幸中の幸い。芸人としてテレビに出る前に、酔っ払いとしてテレビ出演した3人なのでした。

トラブルはまだまだあります。吉本の若手芸人が一度は必ずお世話になる居酒屋「たこしげ」のマスターは芸人が大好きで、お金がない若手にも「出世払いでええぞ」とタダ同然で食べさせたり飲ませたりしてくれるのですが、そのマスターが唯一「店に来ても絶対に追い返す。二度と来て欲しくない！」と言う芸人が黒田君です。

なぜか？　マスターはお金がない時代の黒田君を可愛がり、安く飲み食いをさせていたのですが、仕事が忙しくなり売れっ子になると黒田君の態度は一変。店で注文した料理に「こんな不味《まず》いもん食えるか！」と暴言を吐き、大喧嘩となった結果、出入り禁止となりました。これはマスターから直接聞いた話です。

そんな黒田君でしたが2009年の年末、ガールズバーで料金の支払いを巡ってトラブルを起こした挙句、店長に一方的に暴力をふるい、傷害容疑で逮捕されてしまいました。もちろん、この不祥事を受けて芸能活動は自粛です。すごく反省して、お酒も自粛してました。被害にあった方には大変申し訳ないのですが、示談が成立して不起訴になったこともあり、我々芸人仲間は、復帰した黒田君からその時の話を一日も早く聞きたくて聞きたくて、うずうずしていました。「捕まった時は？」「警察署では取り調べで吊るし上げられたの？」「留置所では何て呼ばれるの？　黒田？　番号？」「護送される車から見る報道カメラマンや芸能レポーターはどんな感じ？」「前科兄さんって呼んでいい？」

当たり前ですが、世間の声や社会常識を踏まえて復帰にはかなり時間がかかりました。そして約1年後、世間の皆さんから「そろそろ復帰してもええやろ」という声が多く届いたこともあり、黒田君は晴れて復帰できることになりました。復帰後は舞台やラジオ、テレビでみんなからイジられまくりました（ちなみに留置所では42番と呼ばれていたそうです）。それを必死で笑いに変えて、大爆笑を巻き起こしたのは流石《さすが》でした。

何度失敗しても、最後はみんなから許してもらえる芸人。関西に必要な、本音で喋り本音で怒り、本音でぶつかるのに、可愛げがあるメッセンジャー黒田君。やっぱり彼から、今後も目が離せないでしょう。

最近こんなことしてます。　黒田有（メッセンジャー）

カジサックの YouTube に初めて出演したぐらいです。

あと、嫁が全く料理できないのと、絵ばかり描いて部屋から出てきません（2019年2月21日に19歳下の女性と結婚）。

天下を取りたい男、ダイノジ大谷

大谷ノブ彦君と大地洋輔君の二人組、ダイノジを知ってますか？　結成から25年、大分県出身の同級生コンビです。

ビートたけしさんやとんねるずさん、ダウンタウンさんに憧れてお笑いの世界にやってきた。１９９４年のことです。

当時の若手お笑い芸人、みんなが思っていたこと。「テレビの世界で天下を取りたい！」「ゴールデンに自身の冠番組を持ちたい！」。もちろんダイノジもそれを目標に頑張ってきました。でも無理でした。

新人時代、銀座７丁目劇場でライバルだった品川庄司としのぎを削り、ＮＨＫの「爆笑オンエアバトル」に出演してテレビでの露出も増え、Ｍ－１グランプリの決勝にも出演した。結果は残念ながら振るわず、以降、テレビの世界からあまりお呼びがかからなくなっていきました。

でもそんな若手芸人はごまんといます。チャンスを逃して落ち目になった芸人さんを私もいっぱい見てきました。

が、しかし！　ダイノジというコンビは、いやダイノジの大谷君という芸人は他の芸人とは違うんです。それは圧倒的に身内から嫌われているということです。ある雑誌で「芸人が選ぶ嫌いな芸人ランキング」というのがあって、一般的には知名度がそれほど高くなかったにもかかわらず、大谷君が大差で1位に選ばれたことがありました。テレビに全く出ていないのに……。2位が、テレビでの露出が多かった時期の、品川庄司・品川祐君。3位が「はねるのトびら」という人気番組に出演していた頃のインパルスの堤下敦君です。

これは相当凄いことなんです。結果が雑誌に載るので、ある程度知名度がある芸人が選ばれないと読んでる人にはわからないって、選ぶ芸人側ももちろんわかってるんです。それなのに……。いざアンケート用紙に名前を書こうと思ったら……。「ダイノジ大谷」って書くんですから。同業者の私が言うのもナンですが、これはガチのアンケートです。不正して1位を品川君にしなかったことは、完全に雑誌側のミスですね。

アンケートが実施された当時、大谷君はDJとして多くのイベントにゲスト出演していて、特に「ジャイアンナイト」というクラブイベントで自分のプレイ中に後輩芸人をバックダンサーとして踊らせ、場を盛り上げていたそうです。その踊りの練習が厳しくて、後輩たちは時には叱られたりもしたそうです。

踊らされている芸人さんからしたら「こんなことするためにこの世界に入ったんじゃない」「コントの稽古がしたい」「お金がないからアルバイトしたい」「そもそも大谷さ

んは好きではない」など不平不満が溜まりに溜まったところで、当日のイベントを迎えました。踊りは一応成功したものの、大谷君からは幾ばくかの小銭をもらえただけ。「ふざけんな！」「安すぎるだろ！」と後輩芸人の怒りは頂点に達したそうです。その話が吉本芸人の間で一気に広まり、先輩芸人の耳にも届き大谷君は総スカンを喰らうことになりました。

大谷君にしたら、お笑い芸人として王道で売れないなら、あの手この手で頑張っていつかこの世界で天下を取るぞ！　という意気込みで始めたクラブＤＪイベント。まだ若く生意気な大谷君は嫌われてることを反省して好きになってもらおうとせず、笑いに変えることも媚びることもせずに、黙々とマイペースでＤＪイベントをやり続けます。

とにかく嫌われてしまった大谷君ですが、２００６年ダイノジに大きな風が吹きました。相方の大地君がエアギターの大会で世界一になるという快挙を成し遂げたのです。大谷君の考えた「漫才」ではなくエアギターで再びテレビの世界に呼ばれました。

ところが様々なバラエティー番組にゲスト出演をしても、話をフラれるのは大地君だけ。心の中にはもう嫉妬しかなかったでしょう。「ネタを作ってるのは自分だ」、そう思っていたでしょう。心中察します。コンビあるあるでもありますが、コンビのうち一人だけ売れると、この「地獄」が大きな口を開けて待っている……。ましてやネタを考えていない方だけが売れるのは、考えている方からするともはや無間地獄です。

しかし、その地獄からは思いのほか早く抜け出せました。エアギター世界一ネタはあっという間に飽きられ、また前と同じ毎日に戻ったのです。でも大谷君にはすぐ次のチャンスがやってきます。大谷君のクラブDJイベントを番組にできないかと吉本が動き、テレビ東京で深夜番組になりました。「バカソウル」です。

クラブの箱を借りて芸人が様々な音楽をネタに笑いを取る。大谷君の夢が見事形になりました。番組発の人気芸人やユニットが出来て大いに盛り上がりました。……大谷君以外は。

蓋を開けてみたら番組の司会は別の芸人と人気アーティストがやり、大谷君はステージ横でアフロマンというキャラクターで出演を終えた芸人に感想を聞く役割だけだったのです。批判しているわけではありません。世の中そんなものです。やりたい仕事と回ってくる仕事は違いますから。ある時大谷君が私に教えてくれました。奥さんがその番組を観た感想は「あれ？　パパがずっとやってきたイベントなのに？　もっとパパが観たいな」だったそう。

その頃からです、私が大谷君に近づいたのは。聞く話聞く話がどれも面白くて。オセロの白がひっくり返って黒になるように、芸人の不幸な話は他では味わえない面白さに溢れています。

「大谷君のツイッターを以前フォローしていたが、全国のクラブイベントの告知と大量の自分への応援コメントのリツイートに嫌気がさしてフォローを外しました」「そのDJイベントは毎回大盛り上がりとつぶやいていたが、実際は大きなフロアに男の子6人が踊っているだけでした」「大谷君はみんなが踊れて盛り上がれる曲を現場で上手に繋ぐことが出来ないから事前に家でテープを作って、現場ではこっそりエアDJとしてやっている」「人が話していたカッコいい話を、盗む気なく無意識に盗んで話す。一度、盗んだ相手に自信満々でその話をしたことがある」「ラジオリスナーにボスと呼ばせてる。そのラジオは熱いメッセージてんこ盛りなので番組のメールアドレスはnetsu@」「イジるのはいいがイジられるのは大嫌い」「嫁がモー娘。オタクで、散々バカにしていたのにある日急に『モー娘。が熱い』と言い出す。ニワカの知識でモー娘。愛を語り、ニワカだとすぐにバレて炎上」「写真を撮る時にロック好きをアピールしたいのか口を尖らす」「ビック谷→大谷伸彦→大谷ノブヒコ→大谷ノブ彦と3度改名している。心が不安定です」「M－1グランプリの決勝で本番直前にネタを変更した。審査員を見た瞬間に、一か八かのネタではなく置きに行った営業ネタで50点を獲りに行った」「ラジオの番組名がダサすぎる。『ダイノジのキスで殺してくれないか』」

大谷君が熟成されてきて面白いなぁ～。

最近こんなことしてます。　大谷ノブ彦（ダイノジ）

息子が登校拒否になっちゃいました。
あとは、地方で細々とラジオやってます。

千の顔を持つ男、天津木村

私が子供の頃、こんなプロレスラーが大人気でした。メキシコのミル・マスカラスという覆面レスラーです。華やかなマントを羽織り登場してリングに上ると何十本もの紙テープが投げ込まれ、手に持っているマスクと自分の被っているマスクを交換する。もちろん素顔は見えない芸当だ。そして被っていたマスクを満員のお客さんに投げ込む。取り合うお客さん。

別名、千の顔を持つ男。いくつもの色鮮やかなマスクを被り華麗な空中殺法で悪役レスラーを翻弄する。メキシコではプロレスの神様として今でも国民から崇められている。

吉本興業にもそんな男がいます。天津というコンビの木村卓寛《たくひろ》という芸人です。天津？ 木村？ 知らない？ じゃあピンクの着物を着た芸人を覚えてないですか？「吟じます」で始まり最後の決め台詞は「あると思います」。男女の交わりを卑猥な言葉で詩吟に乗せて繰り出す——エロ詩吟を吟じて一発屋芸人になった男です。

一世を風靡して人気者になり、エロ詩吟を吟じればみんなが笑い、エロ詩吟の本を出版すれば10万部を超える大ヒット。この世の春を謳歌しました。忙しくてピンクの着物を電車に忘れて私服で生番組に出演し、吟じたこともありました。ユーミンさんがラジオ番組でエロ詩吟が大好きだと告白して、夢の共演もさせていただいたりしました。

いつまでもこの夢が続くと思ってました。「自分だけは今までの一発屋芸人とは違う」と。しかし『平家物語』の一節「盛者必衰の理《ことわり》をあらわす」のとおり、次第に笑いは拍手に変わり、あれだけ笑っていた下ネタに拒否反応を示して、観客のお母さんの中には子供の耳を押さえてエロ詩吟を聞こえないようにする人もでてきました。徐々に仕事がなくなっていき、まるでベテランパイロットの操縦のように少しずつ高度を落として綺麗に着陸……。ついにゼロになりました。

結婚して奥さんと子供が2人いる彼は焦りました。マンションの家賃のランクを下げる引越しを繰り返し、乗っていた車も処分、最後にはスカパー！も解約して、それでも芸人の仕事だけでは生活が苦しくなりテレアポのアルバイトを始めました。

それでも彼は腐りません。家族を養うために、前向きに生きていきます。

天津の木村君はミル・マスカラスです。ミル・マスカラスは強いんです。芸人の王道としての仕事で挽回出来れば、それに越したことはありません。出来なければ王道ではない、「空中殺法」という名の変則的な仕事があります。

リスタートを切った木村君。天津として王道の漫才の腕を磨き、もちろん今でもオファーがあればエロ詩吟を吟じ、エロ詩吟から派生した様々なキャラクターに扮して吟じる（ブレイクには至ってませんが）。最近では詩吟のイメージ回復のために真面目な詩吟を吟じ、詩吟教室なんかも開き、詩吟の普及に貢献しています。

同じ芸人のピコ太郎の動画「ＰＰＡＰ」が世界的スター、ジャスティン・ビーバーの目にとまり、一躍世界的な売れっ子になったのは有名な話ですが、木村君は「自分も！」ということで、英語でエロ詩吟の動画を作ってジャスティン・ビーバーに名指しでメッセージを送りました。もちろんジャスティン・ビーバーの目にとまることはなく、再生回数はなんと7回という結果に。「まぁラッキー7ですから……」とよく分からないポジティブなことを言ってました。吉本のミル・マスカラスはそう簡単にへこたれません。

千の顔を持つ木村君は、他にもいくつもの顔を持っています。エロ詩吟の「エロ」のイメージから、ネット配信のエロ番組のレギュラーをいくつか持っていたり、24時間テレビ「愛は地球を救う」の生放送の同時間帯に「エロは地球を救う」という生特番でセクシー女優達を仕切るメインＭＣとして活躍したり、「他人のＳＥＸで生きてる人々」という配信番組では、再生回数が多く一時代を築いたそうです（私は観てないし、噂さえ聞いたことがないので、真実かどうかは定かではありませんが）。この仕事に行く時、嫁との間である約束事があるそうです。「今日は何の仕事？」「他人……。行ってくるわ」「頑張ってね」。「ＳＥＸ」は言わないルール。

さらに「これからは時代劇だ！」と思ったら、いつ時代劇のお話が来てもいいように自腹で殺陣《たて》の稽古をしたり、演劇の舞台への出演を機に役者としての宣材写真を撮りオファーを待っていたり（写真を撮ってからかなり経つがオファーはまだないようです）、芸能活動以外にも、大型二種の免許を取得してロケバスドライバーとなり、テレビ番組のロケにドライバーとして参加して出演タレントをこっそり眺めているそうです。気づかれればニコッと笑い、ロケバスドライバーをやることになった経緯を説明して、気づかれなければ寡黙なドライバーを演じ切る。彼曰くロケバスドライバーの理想とはタレント、スタッフさんを乗せて目的地に行く時、出来るだけブレーキを踏まず、スムーズな運転を心掛けて、自分の運転で全員が寝ているのをバックミラーで覗くこと……だそうです。実際、芸人としてのスケジュール表は真っ白だが、ロケバスドライバーのスケジュールはかなり埋まっているといいます。「ロケバスドライバーやってなかったら給料かなりヤバかったです」。面と向かって断言されました。

他にも「一緒に何かをして欲しい！」という方のために時間制でお金をもらう、おっさんレンタルという会社に登録して一般人と会い、その方のお願いを叶える。例えば、年配の女性の不倫話を聞いたり、カラオケに行ったり映画を観に行ったりします。相手の方に「えっ？　エロ詩吟の方ですよね？　何してるんですか？」と言われたら、「家族もいて芸人だけじゃなかなか養っていくの大変でアルバイトしてるんです。でも色んな人とお話出来るので楽しいですよ」と何のてらいもなく言うそうです。芸人だから当たり前ですが、その会社ではかなり指名率の高いレンタルおっさんらしいです。

フルマラソンも何度も走ってます。アマチュアランナー憧れのサブフォー（4時間切り）にも成功してます。富士山には年に数回登ります。普通に頂上を目指すのには飽きて螺旋状に円を描くように登るそうですが、それが凄いのか僕にはよく分かりません。登山仲間もたくさんいて、彼らのアドバイスで登山ガイドの資格を取ろうとしています。資格があれば初心者の登山客と一緒に登ってかなりのお金をもらえるそうです。

他にも1年に1回は自分を高める為に断食や滝行で体を清めてスピリチュアルなモノにすら、邪心を持ってすがろうともしています。本職が何なのか、もはや分かりません。でもそれで良いのです。家族を養う為だから。もう一度ブレイクする為に彼は今日もどこかで運転してるのか？　レンタルされてるのか？　滝行しているのか？　本人すら分かってないのかも。なんせ千の顔を持つ男ですから。

最近こんなことしてます。　木村卓寛（天津）

最近は、世間をお騒がせしてしまった騒動での謹慎生活を終え、以前からやらせてもらってましたロケバスドライバー、レンタルおっさんに加え、新たにYouTubeを始めました。謙虚に平気に楽しくやらせてもらってます。

流転の芸人、桂三度

桂三度という落語家をご存知ですか？　ほとんどの方が知らないでしょう。年齢は50歳。中堅の落語家？　いえ、違います。まだ新人です。

「イチ、ニィ、サーン！　シー、ゴ、ロク！」。覚えていますか？「3の倍数と3がつく時だけアホになります」で一世を風靡した一発屋芸人、世界のナベアツを。その彼の現在の芸名が桂三度です。今回の主役は流転の芸人人生を送っている桂三度君です。

三度は滋賀県に引っ越す中3まで、当時日本で一番面白い中学校、大阪の守口市にある梶中学校にいました。「日本で一番面白い」にはちゃんと理由があって、同級生にはのちにM－1チャンピオンになる、ますだおかだの増田英彦君がいました（ちなみに、芸歴は増田君の方が1年後輩ですが、同級生の仲なので、プライベートでも仕事場でも「あつむ」と呼ばれています。前後しましたが、三度の本名は渡辺鐘《あつむ》）。

また、兄弟コンビ、中川家も同じ学校。1つ下に兄の剛君が、それよりさらに2つ下に弟の礼二君がいて、礼二の同級生には三度の弟もいたそう（その弟は大阪で構成作家をしている）。

休み時間になるとお笑い好きの生徒が即席でコンビを組み、様々なクラスに行っては漫才を披露して、腕を磨いていたともいいます。もちろんその中には増田君や中川家などもいて、三度はそれを遠くから「凄いなぁ～」と眺めていました。

一旦は旅行業系の専門学校に進学したものの中退、フラフラした後お笑いの世界に飛び込みました。吉本の養成所NSCです。簡単な面接だけで合格出来て、お金さえ払えば、卒業する1年後には吉本興業と繋がりが持てるようになるのですが、ネタ見せや劇場の出演権をかけてオーディションに参加し、その中から何組かの芸人が出て舞台に上がり、何組かの芸人が次のチャンスを掴む、そんなシステム。まぁ、ほとんどの人が途中で辞めていくのですが、三度はそこで山下しげのり君とジャリズムというコンビを組みます。

コンビのスタートは順調でした。2年先輩の千原兄弟と心斎橋筋2丁目劇場を盛り上げて一緒に東京に進出。さらに雨上がり決死隊もあわせて「アメジャリチハラ」という番組を始めました。ところが当時、吉本の中では大阪のこの3組と、東京吉本のロンブー、ココリコ、極楽とんぼとがぶつかりました。みんな若いし、バチバチのお笑い戦争です。彼らよりちょっと先輩の私は「この戦いは一体どうなるんだろう?」と(ワクワクしながら)見守っていました。

結果は東京の勝利! 何をもって勝利かはわかりませんが、東京の3組が一気にテレビの人気者になっていきます(大阪NSCの芸人が東京のテレビで人気者になるのにはもう少し時間がかかりました）。それからジャリズムの仕事もうまくいかなくなりました。そんな時、相方の山下君が「芸人を辞めて吉本の社員になる」と言いだしました。破天荒な人生より安定を望んだようです。結果、ジャリズムは解散（当たり前だが、山下君は吉本に就職せずピン芸人になります。社員になれないと知って「もう一度ジャリズムで頑張っていこう」と三度に恥ずかしげもなく言ったが断られる）。

一人になった三度は東京に馴染めなかった理由を探すためテレビ番組を裏側から勉強しようと、放送作家になります。最初はコント作家などをして徐々にスタッフから信頼を得ていきます。結果、「めちゃ²イケてるッ！」や「ワンナイＲ＆Ｒ」といった人気番組の作家になり、自然と給料も上がっていきました。

「ジャリズム」を解散し放送作家として頭角を現し始めた２００４年、元相方の山下君が「この世界を辞める」と聞いた三度は「もう一度ジャリズムをやろう」と電話し、コンビとして改めて頑張ることにしました。同時進行でピン芸人としても積極的にネタを考えてお客さんに披露していきます。

そして3年後「3の倍数と3がつく時だけアホになります」が誕生。芸名を、世界的なサックス奏者の渡辺貞夫さんが「世界のナベサダ」と呼ばれているのをこっそり頂戴して、「世界のナベアツ」としてブレイクしていきます。当時私がＭＣをしていた「あらびき団」という邪道なネタ番組でそのネタを披露したところ、劇作家の三谷幸喜さんがコラムで絶賛。スターへのチケットを手にしました。3でアホになるギャグのせいで算数の授業が出来ない、子供達がアホになるという苦情も多数寄せられたりしました。芸人としては、してやったりです。

放送作家での裏方経験もあるので、「世界のナベアツ」が一発屋芸人の道を辿るのはわかっていました。ならば、どのように流行《はや》り、その人気が廃れていくのか、自身を実験台として2008年を時代とともに突っ走りました。その結果。面白くてネタを書く才能もある、放送作家の経験からテレビを知り尽くした彼でも……御多分に洩れず、次第に仕事がなくなってきます。

でも彼はへこたれません。密かに考えていた落語家への転身です。幾つになっても客前で「面白いことがしたい、話芸だけでお客さんを笑わせたい」には、ジャリズムとしての限界を感じ再び解散。2011年、桂三枝(現・桂文枝)師匠に弟子入りします。三度、41歳の挑戦です。「師匠のように創作落語を作りたい」という三度の一心な気持ちを快諾してくださった師匠も凄いです。漫才師から落語家に転身するのを面白く思わない落語家さんもいらっしゃると聞きますから。

さて、3年の修業期間を経て彼は立派な落語家になりました。「漫才師、放送作家そして落語家」という3度目の職業から「三度」。本名の渡辺の「渡」の漢字を分解すると三と度だから「三度」。様々な理由で桂三度という芸名を師匠から頂いたそうです。名前を頂いてからは創作落語を作ったり、古典落語を演じたり充実した毎日を過ごし、その間に元相方の山下君は芸人を正式に辞めて芸能レポーターに転身しました。元お笑い芸人ならではの視点で色んな芸能人にインタビューしていくそうです。

そして2017年、三度はNHKの新人落語大賞で決勝に進出。本人は「2年連続で決勝に出られました。今年は優勝を狙います！」と言っていました。ネタは「つる」という古典の話と、その後を創作落語にしたお話です。私は結果が気になって調べました。三度は僅差で敗れ、3位でした。

優勝したのは三遊亭歌太郎さんという落語家さんで、「大阪の会場へ向かうとき新幹線の車内で11時間缶詰にされ、それで結果的に肩の力が抜けてよかった」とコメントしてました。それを三度に伝えると「実は……。僕もその新幹線に乗っていたんです。時間の使い道って人それぞれなんですね……。このことは人には言えませんでした」と恥じ入っていました。

しかし、翌2018年、三度は「三度目の正直」でNHKの新人落語大賞を受賞します。

芸人それぞれが流れ流れて流浪の人生を歩んでいます。だからあえて聞きたい。

「桂三度、これで終わりでいいのか？」

4度目はあるのか、そんなことは本人にもわからないでしょう。笑いの神、のみぞ知ることだから。

最近こんなことしてます。　桂三度

毎年恒例、三遊亭円楽師匠主催の「博多・天神落語まつり」という落語家のフジロックフェスティバルみたいな大落語祭では、色んな所で落語会が行われてます。ベテランから若手まで、東西の落語家さんが集まります。

私、今回初めて円楽師匠に呼んでいただきました。下っ端扱いではなく、中堅以上の良い順番での出番、しかも5ステもです。

円楽師匠の愛に応えるために燃えております。

心配しない男、大西ライオン

「心配しない男」といえば大西ライオンというピン芸人です。

10年程前に劇団四季のミュージカル「ライオンキング」の役者のような出で立ちでバラエティー番組に出演し、人気を得ました。上半身は裸。腰に肌色と茶色の布を巻いて、頭の上には段ボールで作ったライオンの頭を被り、「心配ないさ〜」と高らかに歌うのが彼の芸。そもそも「心配ないさ〜」とは「ライオンキング」の1幕終盤に歌われる「ハクナ・マタタ（どうにかなるさ、の意）」の歌詞で、主役であるシンバが子供から大人への階段を登る際の第一声です。

先輩芸人から「最近、テレビで見てないけど大丈夫？」と言われても「心配ないさ〜」と何の疑いもなく大声で高らかに歌う、まさに一発屋芸人。

今の彼をどう説明したらいいのだろう？　説明するのが難しい。そもそも彼は何故この世界に入ってきたのか……？

関西出身なのに東京のNSCの5期生で、同期はピースや平成ノブシコブシ。大阪なら南海キャンディーズ山里君やキングコング、NON STYLEやとろサーモン久保田君などと同期。2度ほどコンビやカルテットを組んで解散し、ピン芸人の大西ライオンとして活動を始めます。

きっかけは「めちゃ2イケてるッ！」の「岡村オファーシリーズ」でナインティナインの岡村隆史君が劇団四季の「ライオンキング」に挑戦する企画をテレビで観たことでした。「これなら自分も出来る！」と思い、録画した「めちゃイケ」の「ライオンキング」を何度も何度も観て完コピしたのが、その芸の原型です。劇団四季のはそれから月日が経ち、大西ライオンという芸人が認知されてから1度観劇しただけといいます。たったの1度だけ。

しかもその際、劇団四季のはからいで楽屋に案内されたそうです。劇団四季のメンバーの皆さんが大西ライオンを見て「本物だ！」「本物が来た！」と興奮されたといいます。

「心配ないさ〜」一本だけで簡単にテレビに出られたこともあり、その芸にアレンジを加えることも、バージョンアップすることもなく、現在も歌い続けています。

新ネタを考えるとか、R－1ぐらんぷりに出場するとか、「売れる」とかは、すっかり諦めたそうです。

お笑い芸人なのに、真正面からお笑いに向き合わなくなったんですね。本人に直接聞いたので、嘘ではありません。私は恥ずかしながら、そんな大西ライオンとよくゴルフに行きます。その時に色々と質問したことがあります。

「どの番組でもレギュラーになれるなら、どの番組のレギュラーになりたい?」

少し考えて大西ライオンは、「『旅サラダ』です」と答えました。

「え、お笑い番組じゃないの?」

と私が聞くと、

「はい。才能がないので『旅サラダ』のラッシャー板前さんのポジションでレポーターしたいです。アレなら出来ると思います」

「朝だ!生です旅サラダ」のラッシャー板前さんポジションとは、生放送で日本中の海や山の新鮮な食材を、地元の女性アナウンサーと一緒に楽しく丁寧にレポートする仕事です。よく考えたら失礼な話で、ラッシャー板前さんのグルメコメントをなめているのか? 失礼なことを言っていることに気づいてないのか? 後者です。大西ライオンというのはそういう男です。

レギュラーをもらえるなら「旅サラダ」の食レポがいいと言う大西ライオンに、私はさらに聞きました。

「食べ物なんでも食べられるの? コメント上手なの?」

「生魚は食べられませんが、上手にコメント出来ると思っています」

キリッとした顔で言い切った大西ライオン。

ん? こいつはバカなのか? まさかの回答にビックリしました。生魚を食べられないのに「旅サラダ」のグルメレポーターをしたいのか? 2回に1回は生魚を食べる

「旅サラダ」のグルメレポートを観てなくて言っているのか？　本心からやりたいのか？　自分が生魚を食べられないのを忘れているのか？　でも今しがた「生魚は食べられませんが」と言ったのに、そのことは覚えていないのか？

　もう一度言います、大西ライオンはそんな男です。


　そんな大西ライオンは、愚直なまでにゴルフを熱心に練習します。ゴルフには真摯に向き合い、ラウンドして納得いかなかったら、帰りに家の近所の練習場で納得するまで練習するくらいです。

　でも大西ライオンは車を持っていません。なので、ゴルフ場まで車で行く先輩やスタッフさんの家まで、夏だろうが冬だろうが関係なく、朝5時にゴルフバッグを担いで原付バイクで走ります。

　この間、アメリカのトランプ大統領が来日している時にゴルフに行く予定だった大西ライオンは、道路事情がどうなっているのかわからないので、警察に電話しました。

「明日のトランプ大統領のスケジュールを教えて欲しいんです。明日、トランプ大統領はどこに行くのですか？　どこの道が封鎖されるのですか？」

「トランプ大統領の警護に関わることですので、お教えすることは出来ません」

「明日ゴルフに行くので、どの道が封鎖されるか教えてください。もし封鎖されてたらゴルフ出来ないんですよ！　トランプ大統領のスケジュール教えてください！」

「トランプ大統領の警護に関わることですので、お教えすることは出来ません」

……その情熱の半分でいいからお笑いに注げば、今の状態にはならなかったと思います。車も買えたと思います。

ゴルフはするだけでなく、男女問わず日本で行われている全試合を地上波などで観戦している大西ライオン。それに加えて、バスケットボールも、ＮＢＡとＢリーグの全試合を観戦してます。突然バスケットボールの話をしてすいません。

大西ライオンは学生時代、バスケットボールの選手で、現在もバスケチームに入り、麒麟の田村裕君（『ホームレス中学生』でお馴染み）達と練習や試合をしています。

そう、大西ライオンには時間がありません。

「バラエティー番組は観てるの？」

「もう観なくなりました。『水曜日のダウンタウン』ぐらいですかね。テレビに出ることもなくなりましたし……。観る必要なくなりました。ゴルフやバスケの試合を観るので精一杯です」

どこまでも正直な男です。彼自身、天然エピソードも、バラエティー番組に呼ばれないので恥ずかしくないそうですし、覚えてもいません。我々ゴルフ仲間しか知りません。

大西ライオンも含めたゴルフ仲間とゴルフ旅行をした時のことです。

雨上がり決死隊の蛍原《ほとはら》徹君が誕生日なので、サプライズで誕生日ケーキを夕食の後に出そう！　という話になり、一番後輩だった大西ライオンにその係を頼みました。みんなに集金にまわる大西ライオンはまさかまさかで、蛍原君にも、

「すいません。誕生日ケーキを買うので一人２０００円集めてます。すいませんがください」

「ん⁉　誕生日？　お金出すのはええけど俺ちゃうかな？　誕生日やろ？」

「あっ‼」

それであっさりバレてしまいました。でも大西ライオンは、そんなことでは落ち込まないのです。

また、ある時、ニューヨークロケの仕事が入った大西ライオン。もちろんいつもの「ライオンキング」の扮装が必要なのに、まさかの、ライオンの頭を家に忘れてきてしまいました。ニューヨークに着いてロケ開始の時にはじめて気がつき、

「すいません。ライオンの頭忘れました。なくても大丈夫ですか？」

「……。ライオンの頭ありきでお願いしたんですけど……」

ニューヨークのどこかのお店でライオンの頭に似た帽子を見つけ、それをかぶりロケをしたそうですが、誰が見てもライオンの頭には見えなかったそうです。……いけない、悪口が止まらなくなってきました。

お父さんが酒乱なので酒は一切飲まない大西ライオン。テレビで包茎手術のロケをするヨゴレの大西ライオン。「チャックおろさせて～や」というチュートリアル徳井義実君の番組で「手コキカラオケ」というコーナーに出演し、歌いながらセクシー女優に手コキされて射精する大西ライオン。その仕事を引き受ける大西ライオン。そのロケをするのに4日間、自慰行為をしていなかった大西ライオン。そんなヨゴレなのに2日に1回は野菜をとらなければいけないと思って、キムチ鍋を食べる大西ライオン。FUJIWARAの原西孝幸君とゴルフ場の儲けのことも考えずに二人で1・5ラウンドだけして、昼ごはんを食べないぶん安くしてくれたラウンド料だけを払って帰る大西ライオン……。おそらく私が一生懸命この原稿を書いている時にもゴルフかバスケの試合を観ている大西ライオン。もしくは明日の早朝からのゴルフのためにスヤスヤ寝ている大西ライオン。

こんな男を受け入れるお笑いの世界の度量の広いこと広いこと……！

彼の仕事がなくなろうとも、彼がバイトしようとも、のたれ死のうとも、世の中の人には一切関係ございません。

彼自身も世の中に対して、恨み辛みは一切ございません。

お笑いを続けながらお笑いに絶望し、お笑いの世界に居続けている――。彼とお笑いとは不思議な関係です。

そして色んな先輩から「大丈夫？」と言われたら間髪をいれず、「心配ないさ〜」と言い続ける。

そんな心配しない男が大西ライオンです。

だから笑ってください。それだけでいいんです。

私からすると、ただの憎たらしい後輩ですけど、ゴルフに行きたくなると、他の芸人さんは忙しいので、私は彼にお願いするようにメールを送ります。

「明日空いてる？ ゴルフ行けへん？ 家に原付バイクで来てくれへん？ 嫌やったら迎えに行くし、お願いします」

最近こんなことしてます。　大西ライオン

最近は営業の仕事がちょこちょことあります。劇場は皆無です。

スポーツの仕事もそこそこあります。子供たちと色んなスポーツを体験する仕事で、車椅子バスケットボールを体験したり。日々、バスケットボールとゴルフが仕事にならないかと考えておる次第です。考えつつも、バスケがあまりやれてないと思い、1カ月ぶりぐらいに4時間もバスケが出来るタイミングがありましたので行ったら、2日後にぎっくり腰になってしまい、ここ2週間ほど、何もしておりません。

痛みはひいてきたのですが、次のゴルフが出来るのかドキドキしております。

多くを語らない男、なかやまきんに君

なかやまきんに君という芸人をご存じでしょうか？「きんに君」というだけあってボディビルで鍛えあげたその体で色んなギャグを繰り出す芸人さんです。

例えば左右の胸筋を素早く交互に動かす〝筋肉ルーレット〟、上腕二頭筋に向かって「おい！ 俺の筋肉！ やるの？ やらないの？ どっちなんだい？ やる！」と叫ぶネタ、ボン・ジョヴィの「It's My Life」を流しながらポージングをして、ほど良きところでパスタに大量の粉チーズを「ヤー！」と叫びながらかけたかと思えば、大量の飴を「ヤー！」と叫びながら勢いよく投げ捨てるギャグ、「アーノルドシュワル……」と何秒かためてから、「ツェネガー」とネイティブっぽく発音する一発ギャグ……など、文字にするとまったく伝わらないかもしれませんが、実際に見ると独特の感覚で面白いんです。

普段はピン芸人ですが、時々、ザ☆健康ボーイズというユニットを、有酸素運動マン（こちらは普段はサバンナというコンビの八木真澄君）と組んだりもして、真面目にネタを考え、お笑い大会にも挑戦してます。

たくさんいる吉本芸人の中でも、一際異彩を放っているなかやまきんに君。自分の思ったようにやる。誰の意見も聞かない。突っ走る。誰にも交わらず、そして、多くを語らない。

本人はいたって普通のことをしているつもりでも、私から見たらとても変です。

きんに君は大阪のNSCという吉本の養成所出身で、同期にはキングコングや南海キャンディーズ山里君、NON STYLEにダイアンなど、面白い芸人がたくさんいます。そんな中で誰かと仲良くなってコンビを組むこともなく、最初からピン芸人でキャラクターもブレずにあのまんま。今回書くにあたって調べたところ、初めて気がついたのが、きんに君が福岡県出身だということでした。最近は博多華丸・大吉君の活躍でクローズアップされている、福岡県出身の芸能人の面々。きんに君もここぞとばかりに名乗りを上げたらいいのに、一切便乗していない。「福岡県出身」というキャラはいらないのか、「自分には筋肉キャラがあるのだから、むしろ邪魔になる！」と思っているのか。とにかく、多くを語らない。

そんなきんに君、ラッキーなことに、デビューしてすぐにテレビ番組に呼ばれました。イジられキャラでありスベりキャラでもあり、みんなから愛されたきんに君。トントン拍子で芸能界の階段を登っていきます。

そして、全国的に知名度を上げたのは「スポーツマンNo.1決定戦」という番組での活躍です。ライバルのケイン・コスギさんとの激闘を繰り広げ、前人未到の4連覇を成し遂げる、華々しい活躍を見せます。

「スポーツ芸人枠」に見事おさまり、お茶の間の好感度もとても良かった。このままスポーツ芸人として活動していけば、きっと仕事も順調なのに、そこは立ち止まることができないきんに君。誰の意見も聞かずに突っ走った結果、２００６年10月の体育の日、ボディビルダーのメッカとして有名なアメリカ・ロサンゼルスに、筋肉留学のために旅立ちます。

「筋肉留学って何やねん！」というツッコミはさておき、事前に英語の勉強を十分していなかったきんに君は、筋肉留学開始当初こそ言葉に苦労したものの、次第に仲間や友達もできました。一方で、もちろん辛い事もたくさんありました。

留学中、きんに君を数々のトラブルが襲います。

運転中に追突され、むち打ちになったり、車の窓が割られてアメリカの象徴のｉＰｏｄが盗まれたり、唯一の日本人の友達が帰国してしまったためハロウィンを独り孤独に過ごすことになったり……。自分では楽しんでいたはずなのに、レストランのトイレでふと鏡に映った自分の顔を見ると、見たことないくらいの無表情だった、と語ったことも話題になりました。

日本に一時帰国した時、先輩芸人のなだぎ武君が何を聞いても、きんに君は、「アメリカは恐ろしいところだ……」としか言わなかったこともありました。何を聞いてもそれしか言わないので「きんに君が現地の男性に犯されたのではないのか？」という噂が出る始末。それでも、筋肉留学は延べ4年間続きました。

留学の後半はトレーニングもほとんどせず毎日勉強ばかりで、なんとかサンタモニカ・カレッジの運動生理学部を卒業しました。体重は筋肉留学の出発時から5kg落ちて帰国したといいます。

筋肉留学の期間中楽しかったことといえば、自分で監督、脚本、主演を担当した『Captain ☆ Hero』という映画を製作して上映できたことですかね。もっと厳密にいえば、もちろん監督で主演ですから、相手役の女優のオーディションも自分でして自分好みの白人の金髪女性を相手役に選び、台本にキスシーンを入れ、パワハラキッスした時が、心の底から「筋肉留学して良かった！」と思えたんですかね。多くを語らないから、わからないですが。

日本に帰国してからは「筋肉留学して、なんで痩せて帰ってくるねん！」とみんなからイジられ笑いを取ってました。結果的にお笑い芸人としては、痩せて帰ってきたのは正解だったのかな？

そして日本でのトレーニングで出発前の体にすぐ戻し、何事もなかったかのように毎日の仕事をこなしているきんに君。みんなからの「だったら4年も筋肉留学せんで良かったやん」というツッコミにも、もちろん否定も肯定もしない。ただ「パワー！」と言ってあらゆる歯をむき出しにして笑っているだけ。

我々には悩んでいる姿を絶対に見せないきんに君。

40歳を超えたら筋肉は段々と萎んでくるけれど、日々のトレーニングで維持するの大変じゃない？

50代、60代と歳を重ねることに不安はないの？

いつまで裸で仕事をするの？　結婚は？

20歳の時に大阪のジムで出会った、Hの時に「私は～シカゴの～暴れ牛よ～」と叫んだ、あのアメリカ人女性に再会するために筋肉留学したのが真相なの？

シルヴェスター・スタローンがプロデュースしている、Netflixの「アルティメット・ビーストマスター」で、ちょんまげ姿でティアドロップ型のレイバンのサングラスをしている「きんにく侍」という演者はなかやまきんに君でいいのですか？　別人ですか？　友近と水谷千重子のような関係なのですか？　色んな疑問が浮かんでは消えていく。

それらについて、決して何も答えてくれないきんに君。

「おい！　俺のきんに君！　俺の質問を聞いてるの？　聞いてないの？　どっちなんだい？　聞いてない！」ってことなの？

どんなに聞いてもきっと「パワー！」と叫ぶだけでしょう。真相は筋肉のみぞ知る……。

最近こんなことしてます。　なかやまきんに君

最近は、YouTubeチャンネル「ザ・きんにくTV」を開設しまして、そこから仕事の依頼をたくさんもらえるようになったり、色々な方々と交流出来るようになりました。

例えば、仕事面ですと、CM出演や「仮面ライダーゼロワン」出演などです。「ゼロワン」の第1話の敵役、腹筋崩壊太郎という役で出させてもらい、放送日にはTwitterのトレンド日本一に入りました。

交流関係ですと、ジムでトレーニングされてる方や、プロスポーツ選手やタレントの方にも「YouTube見てます」と声をかけてもらうことが増えました。

そして、アメリカの大統領シェフのアンドレさん（元軍人で腕周り65cmの筋肉料理人）や、筋肉系ハリウッドスターのマイク・オーハンさんとコラボでトレーニングをしたりと、活動の幅が広がりました。

ザ☆健康ボーイズとして、サバンナの八木さんとユニットコンビで活動もさせて頂いておりますが、僕がYouTube等で活動が増えたことで、八木さんからは「最近、サバンナとしても、健康ボーイズとしても仕事も減って大変やわ」と言われてしまいました。

確かにそうだなと思い、健康ボーイズの活動も出来たらと思っていた所、イベントの仕事が入りました。そのイベントは厚生労働省が主催の「楽しく笑って健康に人生の終活を考えよ

う」というようなテーマで、八木さんもかなり喜んでいました。

でも、久しぶりの健康ボーイズでの仕事を楽しみにしていましたが、当日八木さんは熱を出して、欠席してしまいました。理由を聞くと「最近、朝晩冷え込むから」とすごくシンプルな理由で……。八木さんには申し訳ないですが、「今、一番笑って健康になれていないのは八木さんです」と言ったつかみは最高にウケました。そして、イベントの最後は「朝晩の冷え込みには十分にご注意下さい」と締めました。

これからも筋トレに励んでさらに身体を仕上げて行きたいと思います。お笑いの筋肉は全然鍛えていませんので、お仕事の際はお手柔らかにお願い致します。

優しさと狂気の狭間で踊る男、藤井隆

ある芸人さんが言っていました。

「売れている芸人はみんな優しい。そして、売れている芸人はみんな狂っている」

この言葉に一番あてはまっている芸人は誰？　と聞かれたら即座に彼の名前を言うでしょう。藤井隆って。優しさと狂気の狭間で踊っている、それが藤井隆です。

藤井君と言えば、1996年頃から吉本新喜劇で「体の一部がHOT！　HOT！」などのエキセントリックなギャグを放つハイテンションなオカマキャラで人気者になり、2000年には「ナンダカンダ」という曲を出し大ヒット、紅白歌合戦にも初出場。その後も「マシュー南」という架空のキャラに扮してMCを務めた冠番組がゴールデンに進出するなど勢いは止まらず、まさにお茶の間の人気者になっていきました。

普段の彼は人一倍、いや二倍三倍気を使う男。相手に不愉快な思いをさせていないか？　自分がこれをすれば相手はどう思うか？　自分がこれを言えば相手は嫌な気持ちにならないか？……そんなことを四六時中考えています。

そんな彼が以前、ブログで「オカマキャラをやめた理由」を語っていました。きっか

けは某雑誌に「藤井隆はオカマじゃないくせにあんな芸をして、オカマを馬鹿にしているんじゃないか」と書かれたことだといいます。藤井君にとってはその指摘は本意ではなかったので、色々考えたそうです。笑って下さる方がいる一方で不愉快にさせている方もいる……。誰かを不快にさせてまでこの芸をやるべきなのか……。

人気が出るとアンチも出てくるのは常なので仕方がないことなのですが、藤井君はその意見を受け流せない。オカマキャラをどうするのか、かなり真剣に考えたそうです。人に笑ってもらいたいからこそ、人への配慮を忘れない。藤井君はそんな優しい男です。だからこそみんなを笑顔にできるんだと思います。

しかし、その反面、彼の中には狂気が潜んでいるのです。狂気という言い方に棘があるなら、「あるボタン」が存在している、と言ったらいいでしょうか……。そのボタンが押されるとたちまち、藤井君はエキセントリックになってしまう。

例えば、彼の中で納得できないことや許せないことがあるとボタンは押されます。売れる前、あるアルバイト先になんとなく反りの合わない、嫌な感じのする社員さんがいたときのことです。

ひょんなことからその社員の不正を知ってしまいました。「許せない！　暴いてやる！」。藤井君のエキセントリックボタンが押されました。そして藤井君は、不正の証拠を摑むためにどうすればいいのかを考えます。考えて考えて考えて……。出た結論は、デジカメを購入することと、中型バイクの免許を取ること。ってよくわからないでしょ？　ですが、藤井君が至って真面目に考えた結論なんです。

というのは、免許を取ってバイクを購入して社員を尾行して不正を働く瞬間をデジカメで撮る……。言うだけでなく本当に実行に移したというから驚きです。免許を取り、鞄にデジカメを入れて中型バイクに乗り、秘密裏に社員の行動を監視。休みの日も社員の家の前で待機し監視したところ、妻帯者の彼に別の女性の影が！　ラブホに入る瞬間をパシャ。数時間後ラブホから出てくるところをパシャ。逢瀬を繰り返す現場を撮る生活を2カ月も続けていたそうです。そしてある時「何やってんだろう？」と我に返る。やっと我に返る。

藤井君は本当に優しい芸人で、悩める後輩がいるとちゃんと相談に乗ります。特に男性芸人より女性芸人に対して真摯に相談に乗ります。

売れる前の椿鬼奴《おにやっこ》さんにはよくこんなアドバイスをしていました。

「髪型はバブルの頃の雰囲気が残っていた方がいいので、ソバージュのパーマをかけなさい」「奴さんは肌がきめ細かで綺麗だから、メイクはもう少しナチュラルにした方がいいですよ」

それらを素直に聞く椿鬼奴さん。もう女性同士の会話でしかないでしょう？

他にも神田沙也加さん（悩めるミュージカル女優）や、森三中の黒沢かずこ（別名、千手観音かずこ）さんやシルクさん（美容番長）、ボルサリーノの関好江さん（開運飯）など様々な女性が藤井君のアドバイスに救われているのです。

一方で、男性芸人には時に厳しく言うこともあるそうです。

叱られたのは、今をときめく、とろサーモンの久保田かずのぶ君。藤井君と一緒に食事に行き、楽しいおしゃべりをしながら食べていると、いきなり叱られたといいます。

「久保田君、お箸を持ったまま、身振り手振りでお話ししたら行儀悪いと思うよ。お箸をちゃんと箸置きに綺麗に並べて置いてから、お話しした方がいいよ」

こんな注意の仕方をする芸人はなかなかいません。もちろん私はこんな注意をしたことなどありません。さらに注意が続きます。

「お箸はお侍でいう刀です。お侍が刀をそんな風に使いますか？」

久保田君は後にその話を私に聞かせてくれた時、「藤井さんが何を言っているのか、わかりませんでした。ただ怒っているのはわかりました。怖かったです」と言っていました。私もこの話を聞いて怖くなりました。今後、藤井君とご飯に行く時は、お箸をちゃんと箸置きに揃えてから話をしようと思いました……。

そんな藤井君に以前、「藤井君って本当はどんな仕事がしたいの？」と聞いたことがあります。

「書かれている台本、原稿を間違えずにちゃんと読みたいんです」

「？・？・？」

要はアナウンサーのような仕事がしたいそうです。

「言われたことや書かれていることを言わないし言いたくないのが芸人。自分の言葉で自分が言いたいことや考えたことを喋りたい」と私は考えているので、藤井君の答えがまったく理解できず、とにかくびっくりしたのを覚えています。私とは真逆のタイプです。

元々、藤井君は誰かの弟子でもなければ養成所出身でもない。お笑いを目指していたわけではないんです。会社勤めをしながら好きなダンスを踊りたくて、吉本のダンス教室に入った結果、なぜか芸人になってしまった。単なる趣味でダンスを踊ろうと思ってやってきた男ですから。藤井君は踊り子ですから。「こう喋りなさい」「こう踊りなさい」「こう演じなさい」。藤井君はがんじがらめにされるのが大好きな受け身男なんです。最近ではその「受け身」技術の高さから、俳優として大活躍しています。大河ドラマの「真田丸」では佐助役。大ヒットした「逃げ恥」(「逃げるは恥だが役に立つ」)では主役の星野源さんの同僚役。ＮＨＫの朝ドラ「わろてんか」では元芸人の漫才作家役。数々の役を演じています。

受け身全開のコメディアン藤井隆は、今日も何処かで何かの役を演じているんでしょう。

昨今俳優としても活躍する藤井君ですが、過去に優しさとエキセントリックが入り混じった番組をやっていました。２００６年から07年にかけて放送した、「ｏｈ♪ｄｏｌ ly25」という番組です。

知らない人も多いと思います。当然です。すぐに終わった番組だからです。でもその番組への思い入れはかなり強かったそうです。後に藤井君はインタビューで「スタッフに無理を聞いていただいて、企画からセットまで僕が考えてやらせてもらっていた。自分が『こうしたい』と思うことをこれでもかとさせてもらった番組」だと語っていました。

色んなコーナーがありましたが一番ビックリしたのが、ゲストの元アイドルの人が当時の曲を歌うその横で、スクールメイツのような女性ダンサーたちと藤井君が一心不乱に踊るコーナーです。照明は歌手の方にだけあたり、メインMCの藤井君には一切照明があたらない。メインMCがその他大勢とただひたすら踊っているだけの番組が、テレビ史上にかつてあったでしょうか。

「実はメインMCがその他大勢の中で踊っていました！」というネタバラシもなく、薄暗いなか歌い終わったゲストの横で、女性ダンサーに混じり一回り大きい藤井君が踊り疲れてハァハァと肩で息をして、鼻の下に汗をかいてただ真正面を向いて立っていました。

同業者の私だから「アレ？　あの薄暗いところで一心不乱に踊っているのって藤井君？　何のツッコミもなくただ立っている。……何やってんの？」と一人ツッコみましたが、何も知らずに観た人は「セットもない薄暗いところで、女の子達が踊っている横で元アイドルが歌っている番組」という認識しかなかったでしょう。なぜメインMCなのに薄暗いなか踊りたかったのか？

藤井君としては、ゲストの方にはとにかく歌を気持ちよく歌ってもらう。我々ダンサーはそれを真剣に盛り上げる（あなたはダンサーじゃありません）。決してゲストの邪魔にならずに出しゃばらずに（出しゃばってください！）。そんなことを考えているメインMCは芸能界に藤井隆しかいないでしょう。

他にもあります。

養命酒のCMでは藤井君がメインで踊ります。その名も「養命酒からだコトコト体操」。とても怖いのです。

奥様の乙葉さんがボーカルとして「養命酒がいかに体に良いか」を歌っているのですが、藤井君ときたら、温もりのあるオレンジ色の服を着て、森の中や養命酒が作られる工場などでひたすら難しい踊りを踊っているのです。体操でもなんでもないのです。誰も真似できないのです。商品のメインターゲットであるお年寄りを、完全に置いてきぼりにしているのです。

「人は太古の昔から自然に生かされているのです。森はエネルギーで満たされているのです。人には治癒力があるのです」というナレーションが聞こえてくるような映像でした（実際は聞こえません）。マジなのかボケなのか本気でわからないのです。おそらく本人に聞いたら理由があると思うのですが……。それが藤井君の魅力なんですけどね。

藤井君は、エキセントリックと優しさが入り混じっています。だから面白いんだと思うんです。唯一無二の存在なんです、藤井隆は。

これからもこの芸能界で歌にダンスにお芝居に、適度な優しさと狂気をまぶして活躍していくでしょう。嗚呼羨ましい。

最近こんなことしてます。　藤井隆

2019年1月に、この10年間の舞台で痛めた膝の手術をしました。半月板は損傷し、靭帯が1本切れてました。若い気でおりましたが、確実に歳を重ねていることを実感しております。

若い頃から、自分の意見をマネージャーやスタッフさんに伝えるようにと岡本さんに育ててもらったおかげで、やりがいのようなものを感じながら仕事を続けさせていただいてることは本当に恵まれていると思います。

一方で、あまりに知らない事が多いということを去年の春に知り、のんきなままではいけないと胸に刻んでおります。

「オードリー25」という番組に対して、ロケの合間に東野さんが「なんで郷ひろみの後ろで踊ってるの？　変わってるな」とお話ししてくださいました。その時、2クールで番組が終わることが決定したばかりだったのですが、東野さんが「変わってるけど、藤井くんらしい」と言ってくださって、その言葉に救ってもらいました。

それまで「変わってる」という自覚がなかったのですが、それでも東野さんに「藤井らしい」と言われて、ある意味自分を知り、進んでいけるようになりました。「きょうの料理」や大阪の通販番組「よしもとShall we ショッピング」もそうです。「あれあかんで」と東野さんに言っていただいて、背筋を伸ばしながらもこれでいいのだ、と勝手に受け止めて自分なりのやり方を進めております。

舞台の仕事も初めの頃、東野さんに「吉本の古田新太を目指せば」と言っていただきました。稽古や本番で「ニッポン！いじるZ」の収録に遅れたり、途中で抜けたりを繰り返すようになり、東野さんから「テレビなめんな」と言っていただいて、本当にそうだな、と気づかせていただいて、それから腹をくくれました。

もちろん、古田さんにはなれそうにもありませんが、自分のことを呼んでくださる演出家やプロデューサーがいてくださるなら、頑張ろうと思っています。

長くなりましたが、怪我をして、最近はすっかり歳をとったなぁ、と感じてますが、マイペースに自分にあったことを見つけて進むしかないな、と思っております。

何事も用意周到な男、山里亮太

お笑いコンビ・南海キャンディーズの、山里亮太という男は用意周到である。

1977年生まれの千葉県出身。高校時代にお笑い芸人に憧れます。当時はまだお笑いといえば大阪。そして吉本に所属することが一番のステータスだといわれていた時代。山里君は迷わず吉本入りを目指しました。それも東京ではなく大阪。「お笑いをやるなら関西弁をマスターする。そして大阪のNSCに入学する」という考えからでした。

当然、「高校を卒業していきなりNSCに入学する」という選択肢もありましたが、ご両親は進学を望んでいました。その気持ちに反して両親を悲しませるより、関西弁をマスターする時間も必要だからどうせなら関西で学生生活を満喫しながらNSC入学時には晴れてネイティブな関西人になりすまそう、在学中には関西ローカルのお笑い番組やお笑い芸人もチェック出来るし——そんなことを多分、ひとり悶々と考えたのでしょう（本人の確認を取っていないので、あくまで想像ですが）。

結果、ご両親を説得し、1年浪人した後に見事、関西大学に入学します。今のところすべてが用意周到に進んでいるでしょう？

その後大学3年時に、予定通り大阪NSCに入ると、足軽エンペラーというコンビを結成します。山里君の頭の中ではここからお笑いサクセスストーリーが待っていたと思うのですが、早々に挫折。

理由はキングコング（西野亮廣君と梶原雄太君）というコンビが同期にいたからです。入学当初から二人の漫才は完成されていて山里君をイラつかせます。そんななかキングコングは、NSCの在学中に結成5カ月、19歳という若さでNHK上方漫才コンテストの最優秀賞を受賞しました。これは結構な快挙で、山里君のイライラは膨らむ一方。

そんな時、NSCの授業で講師の先生が衝撃の一言を発しました。「今年はキングコングが出たからもうイイだろ」。ショックでした。

その日から山里君は変わりました。面白いネタを考えるより、キングコングにいかにダメージを与えて落ち目にするか。付き合わされたのは同期のネゴシックス君です。

劇場近くのファーストキッチンで二人の勢いをどう止めるかの策を100円のホットドッグと水のみで何時間も聞かされました。「山ちゃん、もうやめようよ……」というネゴシックス君の声は全く届きません。

授業で漫才の発表会があってもキングコングの時だけ絶対に笑わないのは当然の事。もちろん、クラスメート全員に「笑わないように」と根回しする徹底ぶり。

他にも喫茶店でキングコングの悪口を書いたノートをわざと置いて帰ったり、ネットの普及前、数少ない掲示板に西野君の悪口を連日投稿したり……アナログからデジタルまで、嫉妬の乱れ咲きです。

しかしそんな嫌がらせを全部、キングコングの二人は知っていたそうです。随分後に山里君が白状すると、

「それ知ってたよ。でも、えぇよ。俺がもしお前の立場だったら、同じようなことしてたと思う」

西野君は山里君という名の糞野郎の肩を優しく叩いて去っていったとか。

後に山里君はその時のことをこう語っています。「俺が死ぬべきだ」って。

「一切の非は自分にある」というスタンスで語っていたのですが、彼が絶対に死ぬつもりはないことや、このコメント自体事前に用意周到に考えられたものであることは、言うまでもありません。あくまで、山里君をよく知る私の意見ですが……。

同期のキングコングの後塵を拝した若き日の山里君は、当時組んでいたコンビ、足軽エンペラーを解散、しずちゃんこと山崎静代さんと、南海キャンディーズというコンビを組むことになりました。

そこでも山里君は、もちろん用意周到に立ち回ります。コンビ結成の経緯を聞かれると、「しずちゃんにコンビを組もうと誘われた」と答えるのですが、本当は違います。

当時しずちゃんは別の男性芸人とコンビを組んでいたのを、その才能に惚れ込んだ山里君がしずちゃんにお願いしたのです。

でもその男性芸人はみんなから可愛がられていたので、「山里がしずちゃんを無理矢理相方にした」と噂になると、「大阪で生きていけなくなる」と恐れ、しずちゃんに頼み込んで、用意周到にウソの結成エピソードを作ったそうです。

そしてコンビ結成1年6カ月でM－1グランプリ決勝に進出します。その時審査員をしていたラサール石井さんから「彼（山里君）のツッコミは一つも外さないね」というありがたい言葉を頂いて、今でも何かあるとその言葉を思い出し、思い出すだけでなく口にも出していています。

結成からたった1年6カ月でというのは、当時のM－1決勝進出コンビの最短記録でした。

ちなみに2年後、変ホ長調というコンビが結成して1年とちょっとでM－1の決勝に進出しますが、変ホ長調はアマチュアなので、山里君は、

「残念ながらプロとアマは全然違います。アマチュアは記録として認められないんじゃないですか？　僕は認めてるけど、みんながねぇ……。なんて言うんだろうなぁ……。ねぇ、ネゴシックスはどう思う？」

と、ネゴシックス君に無茶な質問をしていました。

しっかりと爪痕を残したM－1出演を機に、南海キャンディーズの仕事は忙しくなりました。おっとりした口調や見た目のインパクトもあり、最初はボケのしずちゃんに注目が集まります。どの番組でもいじられるのはしずちゃん。山里君からすれば、

「ネタを考えているのは自分なのに。俺の書いた台本通りやっている彼女ばっかり大きな仕事が決まるなんて……」

と、今度は相方への嫉妬に苛まれます。更にしずちゃんだけＣＭ出演が決まったりもしました。当然、それらのことに山里君が耐えられるはずもなく、嫉妬に拍車がかかっていきました。

決定的だったのは、しずちゃんに映画『フラガール』への出演オファーがあった時。山里君はしずちゃんにバレないようにマネージャーにこっそり、

「コンビとして今が大事な時期なんだからダメに決まってるだろ、すぐ断って！　それと、余計な野心もって欲しくないから、このことはしずちゃんにはくれぐれも内緒にしてね！」

と、映画の話を勝手に潰そうとしたそうです。

ご存知の通り、このときばかりは山里君の悪巧みは失敗。無事に映画に出演したしずちゃんは、その純朴でまっすぐな演技で日本アカデミー賞新人俳優賞を受賞しました。お笑い芸人だけでなく、女優というポジションも得た相方・しずちゃん。山里君の嫉妬の狂い咲きに、さらにさらに拍車がかかります。

あるお正月、しずちゃんが旅行へ行こうとした時のこと。空港で山里君からのメールが届きます。

「もう失望しました。もうこれ以上あなたとはやっていけません。もし旅行へ行くのなら、帰ってきたらエピソードトークを何百個も披露してください」

こんなメール、お正月の旅行前に絶対もらいたくないですよね。しずちゃんももう行きたくなくなったのですが、いまここで急にキャンセルしたら一緒に行くはずの人に迷惑がかかると思い、仕方なくそのまま出かけたそうです。当然、しずちゃんはその旅行が全然楽しくありませんでした。

他にもまだまだあります。

山里君の自宅でロケをした際、パソコンを開くと、「しずちゃんの悪口を言うスレッド」という匿名掲示板がすぐに出てきて、しずちゃんがそれを見てしまったのです。しずちゃんに見せる為にわざとページを閉じないで、用意周到に残しておいたんじゃないですよね？　ねぇ、山里君？

そんな山里君のしずちゃんへの態度は、周囲の芸人仲間も「あれはヒドい」と言うほどでした。でも、そのことを耳にする度にしずちゃんは、

「私は山ちゃんに拾ってもらったから、絶対に解散しません」

と言い続けたそうです。

そんなふうに何年かギクシャクしたコンビ関係が続くなかで山里君は、しずちゃんのこの思いをメッセンジャーのあいはら雅一君から聞かされて、深く深く反省した……そうです。

そして2011年、しずちゃんがボクシングで五輪を目指したことで、コンビ仲は修復に向かいます。

「365日、24時間練習しないとオリンピックを目指すなんて無理。その時、山ちゃんが『24時間漫才のことを考えろ』って言ってたのを思い出して、山ちゃんの真剣さをようやく理解できた」としずちゃんは言っていました。

ここまで読んでくると、「これではあまりにもしずちゃんが可哀想だ」と思われる読者の方がいらっしゃると思いますが、安心してください。しずちゃんはしずちゃんで、山里君のことを自分の携帯電話に名前で登録するのが嫌で、「泥」と登録していたそうですから……。

色々と山里君の「用意周到さ」について書いてきましたが、ネガティブなことばかりだったので最後に少しポジティブな話を。

これは業界内で有名な話ですが、山里君の仕事に対する用意周到さは凄まじくて、バラエティー番組に出演する際、どうしたら自分のコメントがテロップに載るか、番組の流れで考えられる様々な状況をどういう風に喩えるかなど、シミュレーションを事前に重ねているそうです。

ラジオや、自身が主催しているライブなどでも、手を抜くことはせず、細かなネタや進行を大学ノートに書き込んでいるし、デビューから今までのネタや面白かった出来事、日々の感情の揺れ動きや自分の未来予想図なども書き留めていて、その大学ノートは全部で100冊にもなっているんじゃないでしょうか。

もちろん相方や他の芸人の悪口も大いに書き殴っていますが。まぁ悪口は彼のエネルギー源なので、必要悪だと思って皆さん許してやってください。

そんな山里君。最近、コンビ仲についてこんな風に言ってます。

「コンビ仲は今が南海キャンディーズ史上一番良い」

山里君、これは用意周到な答えじゃないですよね？

最近こんなことしてます。　山里亮太（南海キャンディーズ）

結婚ブームで時代の真ん中に躍り出られるか!?　と準備をしていたのですが、弊社の騒動で一気に取り上げられなくなり、やっと取り上げられたかと思ったらクロちゃんによる僕の過去を語る独占インタビュー。夫婦でCMに出ている先輩芸人さんからも「お前らのブームはすぐ終わったな」と言われることも。

令和は事件が多すぎまして、さらに、小泉進次郎が令和初のビッグカップルなどと言われる始末。

そんな中、相方は色々と諦め、我々夫婦のなかに養子として入ることを希望しだしております。

アホがバレた男、ココリコ遠藤

ココリコの遠藤章造君という男が、ぶっちぎりにアホで面白い。ココリコというコンビは、田中直樹君と遠藤君の二人組。相方の田中君はコントやお芝居を中心に、遠藤君はバラエティー番組から情報番組など様々な番組で活躍しています。

そんな遠藤君が最近、爽やかな大根役者ぶりを発揮していて、そちらの方面でも忙しくなってきているのはご存じでしょうか？

そもそもココリコの二人は大阪出身なのに、いきなり東京に行きました。最初から東京のテレビ番組に出演して人気者になるのが目標でした。当初は仕事もなく大変だったそうですが、先に東京に進出していた山崎邦正（現・月亭方正）君や極楽とんぼなどに可愛がられて、みんなで切磋琢磨しながらまじめにライブでコントを披露していました。

徐々にお客さんも増えてきた頃、満を持して、吉本が東京の若手育成の為に「銀座7丁目劇場」という劇場を作りました。ココリコはそこで、極楽とんぼやロンドンブーツなどと共に看板芸人になります。

それからは順調そのもので、テレビの仕事がトントン拍子で決まっていきます。「ダウンタウンのガキの使いやあらへんで！」の前説から始まり、「笑っていいとも！」のレギュラーや、同じくフジテレビで、ココリコ、つぶやきシロー、ふかわりょうという3組で「少年サトル」という、次世代のお笑いスターとしての期待を込められたバラエティー番組も任されるようになりました。

そしてご存じの方も多いかと思いますが、「いきなり！黄金伝説。」や「ココリコミラクルタイプ」などのゴールデンでの冠番組も持つようになっていきます。

そんなココリコの快進撃を横で見ていた私からすれば、本当に簡単に「お笑いスター」になっていったと思っていました。でも本人たちからすると、そもそもテレビに出演するまでが、全然順調じゃなかったそうです。本当にビックリです。

そもそもココリコの二人は、3年やってテレビのレギュラーが持てなければ解散と、結成時に決めていたそうです（そんなこと全然知りませんでした）。

その3年はあっという間に経ってしまいます。でも仕事がない。4年目になっても、まだない……。そんな状況を二人は、お互いのせいにして批判し合ったといいます。「俺はこんなにやっているのに。あいつは何や」「あいつのああいうところがアカンねん」。

ある日、溜まりに溜まった鬱憤が銀座7丁目劇場の楽屋で爆発し、つかみ合いの大げんかをしたそうです。

この話を聞いた時に私は、「ココリコらしくない！　ココリコって実はそんなに気性が激しいの?!」「田中大丈夫？　遠藤にボコボコにされたんちゃう？」と咄嗟に思いましたが、みなさんもそうではありませんか？　とにかく驚きました。

それに今の時代、結成からたったの4年で、テレビの仕事がないからと殴り合いの喧嘩をしている若手コンビっていないと思います。

本人たちの想定よりは遅れたものの、お茶の間の人気者になったココリコ。もちろん番組というのは、始まれば終わり、また新たに始まり……と、そんなことをずっと続けていくのがテレビタレントだと私は思うのですが、コントも喋りもでき、見た目も現代風で、危険な匂いのしないココリコは、テレビとの親和性は非常に高く、現に幅広い層に人気があります。

でも、そんな彼らがここ何年間かで変わってきました。特に遠藤君が。いつの頃からか進路変更してきているのです。

それは、どんな変化か？　毎年大晦日から年をまたいで放送される「ガキ使《つか》」の特番「笑ってはいけない」シリーズで遠藤君のアホエピソードが発表されるのですが、その破壊力がハンパないのです。

「最近、相方の仕事の順調ぶりに嫉妬し、対抗手段として競馬で一攫千金を狙ったが数百万負けた」というのが2017年末のエピソード。私はテレビの前で腹を抱えて笑いました。本人が言われるのをめちゃくちゃ嫌がっていたのがさらに笑えます。笑いって残酷な方が面白いから、しょうがない。

そういえば10年ぐらい前に「めちゃイケ」の抜き打ちテストの企画で遠藤君はものすごく悪い成績を出してしまいました。「アホがバレる」と慌てた遠藤君が何をしたかというと、裏から手を回して順位を上げるようにお願いしたそうです。なぜそんなことをするのか？　それは、普段の遠藤君は番組を仕切る立場で、アホがバレると仕事に影響するからです。この話も私はめちゃくちゃ笑いました。こうなると、遠藤君のアホエピソードが色んなところから噴出してきます。

相方の田中君が披露したエピソードでは、マンションに空き室があることを示す「For Rent」の記載を、遠藤君はずっと「フォレント〇〇」なるマンションの名前だと勘違いしていたそうです。「最近この辺りフォレントグループのマンション多いなぁ」と思っていたのだと言います。「Wi－Fi」を「ウィーフィー」と読んでいたという逸話も。

関西のニュース番組からコメンテーターのオファーがきた遠藤君、まずしたことは何だと思いますか？「アホがバレないようにニュースの勉強をした」と思いますか？　違います。答えは「視聴者に賢く見られるために赤のボールペンを購入した」です。本番中は常にボールペンを持って賢い人を演出していたそうです。

元嫁でタレントの千秋さんとの離婚の原因は何か？　離婚した当時は「どうせ遠藤の浮気やろ」と多くの人が言っていましたが、千秋さんの忠告も聞かず数千万円の未公開株の詐欺にあったのが本当の原因だったそうです。当時彼女は「目が大きい子が生まれたので、いらなくなったから離婚した」と冗談めかして説明していましたが、最近になって「こんな人とこれからずっと、一緒になどやっていけない」と離婚を決意したと明かしました。

本当の理由を8年間喋らなかった千秋さんの評価はうなぎ登り。一方遠藤君は、離婚してから再婚するまでの間、「調教してほちぃ?」「今度こそ調教しちゃおかな?」と色んな女性を口説いていたことを暴露されています。フジテレビの受付嬢を口説いて苦情が来たり、ダウンタウンさんの楽屋に初めて挨拶に行った時、直前にナンパした女性と一緒だったり……イタさ満開で、最高です。

オナニーに関しては数々の逸話があります。家の中でするとと汚れるので近所の公園の公衆便所で済ませる、高校時代は寮の部屋の二段ベッドからジャンプする最中にフィニッシュを迎えた、高層マンションのベランダで声を上げながらする、フルフェイスのヘルメットをかぶって自分の声・息遣いの共鳴を利用して更に興奮する……。もうこんな人に番組を仕切って欲しくないです。そうでしょ、皆さん!?

でもやっぱり遠藤君はぶっちぎりで面白いですよね? それとも、ぶっちぎりで引いていますか?

最近こんなことしてます。　遠藤章造（ココリコ）

これは天然エピソードです。

「眼鏡＝頭良く見える」と思っていたので、最近は毎晩スマホをいじったり、TVを近くで見たりして、目を悪くしようとしていました（ちなみに38歳あたりから老眼は来ているので老眼鏡はしています）。

やはりどうしても頭が良く見られたいみたいで、「池上彰のニュース そうだったのか!!」収録の時、常にワイプをチェックしていて、自分が映っている時はこれ見よがしにペンを持ってノートに書き込むフリをしています。

昔の話になりますが、ツッコミが上手くなりたかったので、浜田さんと同じ服装をすればツッコミが上手くなると思って、一時は浜田さんの「WOW WAR TONIGHT」のPVのような赤シャツとチノパンばかり着て舞台に立ってました。でも、あまり成果は上がりませんでした。

ステーキ屋に行き、焼き方を聞かれ、レアー、ミディアム、ウェルダンのウェルダンが言いたかったが、うろ覚えだったので店員さんに「ウェルカム」と言ってしまいました。

吉本イチの奇人、次長課長井上

「タレントが６０００人いるといわれている吉本の中で一番の奇人は誰か？」という質問をされたら、私は即座に「次長課長の井上聡《さとし》君」と答えます。

「井上って誰？」と早速疑問に思っているあなた、ご安心を。熱心なお笑いファンでなければ知らなくて当然。少し説明させて下さい。

次長課長、略して「次課長」というコンビは漫才ではなく主にコントをやっています。どこかの街にいそうなおじさんを相方の河本準一君が演じて、ツッコミの井上君が「なんでやねん！」「もうえぇわ！」などと……は絶対に言わず、リアリティのあるリアクションや言葉で笑いを取る職人コンビです。

井上君は男前でも知られていて、吉本男前ランキングで２００６年から08年まで3年連続1位になり、殿堂入りもしました。

まだわからない？ ならば……井上君の相方の河本君というのは、２０１２年に生活保護受給問題で謝罪して、一時期テレビで全く見なくなったあの不届き者です。

えっ！ あの問題は覚えてる！ けしからん！ 税金を何だと思っているのか！

それはさておき、井上君は若手時代、ネタ番組を中心にテレビに出演していました。現在もチョロチョロとテレビには出ていますが、普段は何をしているのか？

答えは一つ、彼はゲームをしているのです。もうずっと昔から、ゲームだけをしているのです。毎日毎日。春も夏も秋も冬も晴れの日も雨の日も。今までも。そしてこれからも。

「人生の10分の1以上はモンハンとドラクエに費やしている」と本人から直接聞いたことがあります。彼は現在44歳だから4年と4カ月以上も、寝ずにあのゲームの世界で主人公となって冒険をしているわけですね。

4年と4カ月を時間にすると、4年×365日+4カ月×30日で1580日。1580日×24時間で3万7920時間！「モンスターハンター」と「ドラゴンクエスト」だけで最低でも3万7920時間を費やしたことになります。これに他の沢山のゲームに費やした時間を合わせると……怖くなるので、この辺で計算するのはやめておきましょう。

え？いい大人が虚しくないのかって？もちろん私もそう思います。全くその通りです。反論の余地がありません。

ですが、井上君の場合、その突き抜け方が面白いと私は感じてしまうのです。フォローになるか分かりませんが、まず、井上君は決して一人ぼっちでゲームに興じているわけではありません。

例えば、井上君はゲーム好きの後輩達と「ゲーム合宿」という名の旅行にも出掛けます。

正月に箱根にゲーム合宿に行った時には、3泊4日で2回しか温泉につからずモンハンをし、グアム旅行では、満天の星の下に寝転がり一晩中モンハンをし、日本では味わえない充実感を後輩達と満喫したそうです。

ゲームの「レベル上げ」だけを何日間もやらされた後輩がノイローゼになり、井上君の家から脱走したこともありますが、それはまた別の話……。

話は戻りますが、相方の河本君がテレビの世界から消えている時も、井上君はゲームの世界で元気に楽しく冒険を続けていたそうです。すごいでしょ？　それでこそ吉本イチの奇人です。


井上君が一つのことに夢中になるのは、ゲームだけではありません。漫画やアニメも大好きで、『ドラゴンボール』『機動戦士ガンダム』『ONE PIECE』など、ハマれば何度も何度も読む。何度も観る。何度も何度も繰り返し読んで観る。もちろん、好きなキャラクターのフィギュアも買い揃えます。家には２０００体以上もあるというから驚きです。

最近では有料配信サービスの Netflix で海外ドラマを片っ端から観ているそうです。あと少ししたら Netflix 内の海外ドラマは井上君に全て観られて、丸裸にされるでしょう。そのあとはAmazonプライム、そしてHuluといった順番で裸にされていくのでしょう。なにせ、ハマったらそのこと以外は手につかない状態になるのですから……。

そもそも、次課長というコンビは結成当初は大阪で活動していました。最初は仕事もなくバイトしながら若手の劇場でネタをする毎日だったのが、少しずつ仕事が入りだします。けれど、大ブレイクとまではいかない状態だった20代後半、「東京でやろう！」という河本君の一言で東京に進出しました。

上京の際、井上君は後輩のみんなから餞別に楽器のキーボードをもらったのですが、それが思わぬ伝説を生むことになるのです。

東京に来たものの仕事はなく、知り合いがいるわけでもないので井上君はずっと家にこもっていました。独身で少しの貯金があったので、毎日毎日そのキーボードを我流で弾いて過ごします。楽譜が読めないので耳を頼りに、鍵盤を叩いて音を見つけてはまた鍵盤を叩き、少しずつ弾けるようになりました。

曲によっては、そのキーボードでは鍵盤が足りないこともありました。足りない高い音はキーボードの右端を想像で弾き、低い音もキーボードの左端を想像で弾き……それはそれは夢中で弾き続け、気づけば何も食べずに弾き続けて栄養失調で倒れたこともあったそうです。その話を私に笑顔でしてくれた井上君ですが、私は怖くて全然笑えませんでした。

井上君はお笑いの世界に入ったきっかけも独特で、「吉本でお笑いやったら、大好きなジャッキー・チェンに会えるで！」という河本君の一言からというからなんとも不思議でしょう？

でもその言葉を信じて頑張った12年後、映画の宣伝で来日していたジャッキー・チェンに会うことが出来たそうです。なんと井上君は、憧れのジャッキー本人の前で、かつての盟友サモ・ハン・キンポーのモノマネを披露して大爆笑をかっさらったというからやはり規格外（ちなみに河本君は持ちネタである「オメェに食わせるタンメンはねぇ！」をやってスベったそうです）。

井上君のモノマネをえらく気に入ったジャッキーは数年後来日した際、そのことを覚えていて「サモ・ハン・キンポーの真似をしたあの芸人にまた会いたい」と関係者に頼んだそうですが、再会することはありませんでした。なぜなら、井上君がもうジャッキーを好きではなかったから……。

彼曰く「俺の好きなジャッキー・チェンはアクションをするジャッキー・チェンで、アクションをしない普通の俳優のジャッキー・チェンには興味がないねん」だそう。ね、彼こそ吉本イチの奇人でしょう？

井上君は食に興味がありません。食べなくても生きていけるなら、一切の食べ物を食べたくないそうです。「この缶に入ったガソリンのようなものを飲んだら何も食べなくても平気です」と言われたら、「僕は毎日それだけを飲んで生きていきたい」と断言してました。

これは有名な話ですが、パンの食べ方が変わっています。どんなパンも手で叩き潰して一度ぺったんこにしてから食べるのです。パンをフワフワにする必要はないと。本人によると、たくさん食べる人を見ると「抑えきれない欲望の塊」だと感じてしまうそうです。ギャル曽根は井上君からみると欲望の大塊です。

それに、食べることにすぐ飽きてしまうらしいです。例えば、焼肉の一口目が自分にとって100点の美味しさでも、二口目には50点まで下がってしまう。三口目には30点に下がる。結果、興味が続かなくて、嫌になる……。私が「最後の晩餐には何が食べたい？」と聞いたら、少し考えて真面目に、「自分を食べてみたいです。必ずどこか美味い部位があると信じています」と答えてくれました……。ん〜恐怖の回答です。読者の皆さん、笑えました？

一つのことに極端に夢中になったり逆にすぐに飽きたり、自分の中のルールが明確にある奇人中の奇人、井上君。このままだとさすがにマズイので、大至急プッと笑える可愛いエピソードを書きます。

井上君は勉強が苦手で、中3の時の偏差値は21。担任の教師から高校進学に対して「夢を見るな！」と諭されたそうです。

平仮名の「ぬ」と「ね」の区別が難しく、ペンのインクの「水性」は水で、「油性」はお湯で落とせると真剣に思っていた……。

そんな井上君に最近変化が表れました。後輩芸人に誘われてバイクを購入し、ツーリングをしているそうです。家から出て昼間にバイクで仲間と走り、行った先ではなんと、海の幸や山の幸、お蕎麦といった名物料理に舌鼓を打っているというから驚き以外の何物でもありません。

一滴も飲めなかったお酒も40歳を境に「これでは駄目だ。大人なんだから少しは飲まなくては」と思い立ち、ウイスキーをチビチビ飲み出しています。

更には、風邪で寝込んだ時に「あ、オレこのまま一人で死ぬんかなぁ」「こんな時誰か居たらなあ」と思ってからは、結婚願望が生まれているそうです。

ほんの少しですが、我々に近づいてきています。これが本心か、はたまたカモフラージュかは分かりませんが、もし本心なら嬉しいような、寂しいような……。個人的にはちょっと複雑な気持ちです。

最後にもう一つだけ。子供の頃から野球をしていた井上君は野球に夢中になりすぎて、高校時代に野球肘になったせいで、右腕が肩の位置までしか上がらなくなってしまいました。それ以来野球からは遠ざかっていたのですが、そんな彼がしばらく前から「オレこのまま一生左腕を使わず死ぬのか」と思い、左で投げられるようにキャッチボールを開始しているそうです。

え？　意味が分からないって？　私にもよく分かりません。「右では投げられないから左手で！」と考えるのが普通だと思うのですが、なにせ井上君ですから。きっと左で悠々と投げられるようになるでしょう。

あっ、しかも本人によると、草野球を始めるなどの目的は特にないそうです。ね、間違いなく二人といない奇人でしょう？

最近こんなことしてます。　井上聡（次長課長）

特に大きな出来事はないのですが、あれからは色々な物を食べるようになりました。でも、最近感じたことは、結局食後のお茶や水が一番美味しいのだと気づいたことぐらいです。

スケールのデカいバカ、ピース綾部

皆さん、覚えていますか？　ピースというコンビの綾部祐二君を。彼は今ニューヨークに住んでいます。日本での仕事を全て辞めて旅立ちました。前代未聞の暴挙です。でも彼のそんなバカな暴挙を、多くの芸人は大いに笑い、大いに羨ましがりました。私なんか足元にも及ばないスケールのデカい芸人が綾部君です。

もしかして知らない方もいらっしゃると思うので、ピースというコンビを紹介します。相方は又吉直樹君。初めて書いた中編小説『火花』が芥川賞を受賞し、2015年の1年間で223万部以上を売り上げました。後にドラマや映画、舞台になり、一大ブームを巻き起こしたのは言うまでもありません。

この『火花』ブームにモロに乗っかった綾部君は、又吉君を「大先生」と呼び、ポジティブな自虐キャラで弾けました。漫才では一人で舞台に登場して「どうも、芥川賞です」とツカミで客を爆笑の渦に。

「それではお呼びしましょう。又吉大先生です。どうぞ！」

笑いと大歓声の中、照れ臭そうに登場する又吉君。あの頃の綾部君は又吉君曰く「肌ツヤがものすごく良くなっていた」とか。

というのも、その当時は、ピースにとっては少し辛い時期でした。「ピカルの定理」というフジテレビのゴールデン番組が終わってしまったのです。「ピカルの定理」が終わるというのは普通のレギュラー番組が終わるのとは訳が違います。フジテレビでお笑い密度の濃い番組をやるということは、とんねるず、ダウンタウン、ウッチャンナンチャン、ナイナイ、キングコングなどに続く「お笑いスターの手形」をもらうことで、全芸人の憧れだったからです。そんな大事な番組が、残念ながらあっけなく終了してしまいました。

以降のピースは、東京より地方の番組に呼ばれる日々が続き、大阪の番組で会った時、綾部君に悩みを相談されたこともありました。

「東野さん、僕ピカル終わってから東京で仕事してないんですよ」「ピカルやってた頃は、あれだけフジテレビや日テレに通っていたのに、最近は全然行ってないんです」

「地方ばっかり行ってるんですよ。いや、別に地方がイヤというんじゃないんですけど」

「一昨日は福岡で収録して、終わって飛行機で北海道へ。その時、上空から東京を見て。昨日は北海道で仕事して、終わってまた飛行機から東京を眺めて大阪に。もう3日も東京に帰ってないんです。やっと今日帰れるんです」。そんなことを言ってました。

「飛行機で東京の上を飛んでる時、心の中で『ただいま。そして、行ってきます』って言ったら」

「適当なこと言わないで下さいよ～。僕は茨城の田舎者で、東京に憧れて芸人やってるんですよ！　東京で仕事やらして下さいよ～！」

鋭いな、適当に言ったのがばれてました。

そんな綾部君はなぜ芸人になったのか？

本人によると、小学校の時にはもう「吉本の芸人になる！」と幼なじみと言っていたようです。それが大人になるにつれてその夢を忘れ、高校を卒業すると地元の家具工場で働きました。

それが20歳の時に一変します。その幼なじみと一緒に原宿で偶然、「ごっつええ感じ」のロケに遭遇。そこでダウンタウンの松本さんに「松っちゃんいつも見てるよ！」と声をかけると、「ありがとう」と返されたとか。その時のダウンタウンさんに対するものすごい歓声に、「自分の夢はこれだった！」と思い出し、すぐに工場を辞めて上京したそうです。


ロケ中のダウンタウンさんに「松っちゃん！」と気安く呼びかけたように、どんなに有名な人でも、自分より目上の人でも、綾部君は緊張したことがないそうです。

「実は僕、ビートたけしさんの楽屋に挨拶に行く時、本当なら、挨拶してから靴脱いで『たけしさん！　最近どうなの？』って横に座って話しかけたいんですよ。でもそれするとイタイ奴って思われるので我慢してるんです。正解ですよね？」

と、綾部君から聞かれたことがあります。

「もちろん、たけしさんだけでなく、さんまさんやタモリさん、とんねるずさんでも一緒なんですけど」と、追加でヘンな気まで遣ってきました。私とは真逆の考え方です。私なんか出来れば挨拶せずに遠くからこっそりお笑いスターを観察したいタイプですから。

そんな綾部君は上京すると、東京の吉本の養成所でコンビを組みますが、3カ月で解散。次に組んだのが又吉君でした。全く個性の違う二人がコンビを組んだのは、お互いが京都好きだったから。綾部君が大好きな知恩院のストラップを又吉君がつけていたことから意気投合、ピースを結成しました。

でもすぐには仕事が入らず、先輩芸人の近くでお笑いの勉強を始めました。その頃は、銀座7丁目劇場出身のダイノジと品川庄司が熾烈なトップ争いをしていた二強時代。ダイノジの大谷君と品川庄司の品川君の熾烈な戦いは、ネタだけでなくどれだけ後輩が慕っているかもポイントでした。その戦いに自ら果敢に飛び込んだのが綾部君です。

最初は大谷君の付き人をしていたものの、途中から品川君にも呼ばれるようになり二人の掛け持ちをしていく中で、次第に大谷君からは誘われないようになっていったといいます(これは我々の世界で本当によくある話です)。

そんな時、品川庄司と一緒にコント番組に出演することになった綾部君。最初の収録の日にスタジオに向かうタクシーの中で品川君は「綾部、今日の収録は俺からのフリだけ待ってろ。他の芸人は気にするな。極論、他の芸人とは喋らなくていい」と言ってきたそうです。そんなヒリヒリしていた時代です（ちょっと主題から逸れましたが、この話は私が綾部君と食事する時に毎回してもらう大好きな話です。この時代の話はお酒がすすみます）。

話をピースに戻すと、ピースは又吉君が作る独特のコントと、綾部君の人懐っこさと熟女好きキャラでメキメキと頭角を現し、すぐに売れっ子になっていきました。もちろん、綾部君のイタさ満開のエピソードが暴露されるのも定番になりました。

例えば当時バリバリのアイドルだった元ＡＫＢ48の大島優子さんのことを「おい！優子！」と堂々と下の名前で呼んだり（ちなみに私は「大島さん」です）、昼ドラで主役になるとキスシーンで毎回勃起したり、スーパーで買い物している熟女や蕎麦屋さんのパートの熟女や渋谷の百貨店の化粧品売り場を歩く熟女をことごとくナンパしていることを暴露されたり……。実のお母さんから、「自分を見失っていませんか？」という手紙が届いたのもこの頃です。

綾部君の魅力がだんだんみなさんにもわかってきたと思うのですが、「アナザースカイ」という、ゲストが思い出の国に行く番組に出演した時も綾部ワールドが全開でした。綾部君は、この番組に出るなら絶対にニューヨークに行くと決めていたそうです。なぜなら、ある熟女の社長さんと食事している時「綾部君、ニューヨークに行った方が良いわよ。ニューヨークは常に（自分を）トップギアに入れてないといけない街だから。あなたを見ていると、常にギアをトップに入れている感じがするから」。そう言われて

「えっ……そうですか?」と私なら戸惑いますが綾部君は違います。

「やっぱそうなんだなぁ」って思ったそうです。

そんな綾部君。次にニューヨークに行く時に使おうと購入していた30万円もするスーツケースを手に、もちろんトレンチコートとサングラス姿で、ニューヨークのジョン・F・ケネディ空港に降り立ちました。

ロケでは、早朝からセントラルパークでニューヨーカーとジョギングしたり(もちろん日本では走りません)、オープンカフェで紅茶を飲みながらニューヨーク・タイムズを読んだり(もちろん英語は読めません)、映画『ティファニーで朝食を』のオードリー・ヘップバーンよろしく、ショーウィンドウを見ながらパンを食べたり、ニューヨークを満喫し尽くした綾部君。番組のエンディングで「自分には何が出来るか?」と問われた際、考えに考えた挙げ句、「ハリウッドデビューしかない。世界中の人からキャーと言われたい。それは僕の中ではレッドカーペットだなと思うんです。1回でもいいから、一番明るくて強いスポットを浴びる」と真面目に答えていました。

ようやく綾部君がニューヨークに飛び立った最初の話に戻れましたが、冗談ではなくそれがキッカケで、英語も喋れない、40歳目前の男がニューヨーク行きを決断したのです。レギュラー9本を持つ超売れっ子タレントとしてのキャリアや収入を全て捨てて、帰って来てももう居場所なんかないのに……! 私からすれば衝撃の決断です。

世間に発表してからビザの取得まで1年かかりましたが、無事ニューヨークに移住出来ました。もちろんその1年間で英語の勉強はほとんどせず、やったことといえば自宅のコップやコースター、ブランケットを全て星条旗のデザインに買い替えたぐらいです。

向こうに渡ってからのインタビューでは「アメリカ来て10日目でリンゴ・スターと会った。別にそれでスターになれるわけじゃないけど、でも俺、茨城から東京に出て10日目で何やったかっていったら、バイトも決まってないですから」と、あくまでポジティブです。

と、ここまできてお気付きの方も多いかと思いますが、ハリウッドデビューが目標なら西海岸のロサンゼルスだろう、と。しかし中学校の社会の授業で、先生がタイムズスクエアの写真を指して「ここがニューヨーク。地球上で一番凄い場所だ」と言ったことが綾部少年の心に思い切り刺さって以来、「アメリカで一番じゃなくて地球上で一番って、ニューヨークってめちゃくちゃ凄いな！」と憧れ続けていたのです。だからロスじゃなくてニューヨークなのです。

ここまで綾部君のことを一生懸命に書いてきて、こんな気持ちになってきました。

「英語も喋れない、こんな愛おしいバカをアメリカにあげていいのか？　アメリカよ、綾部を返してくれ！　アメリカにはもったいないよ！　こんなヤツこそ日本に必要だろう！」

最近こんなことしてます。

綾部祐二（ピース）

アメリカのニューヨークに渡って2年経ちましたが、英語はまだまだのレベルです。でも、正直、毎日が楽しくて、気をつけないと浮かれ過ぎてどっか行って消えてしまいそうなくらい、ニューヨークを、アメリカを楽しんでおります。

週末はハーレーでアメリカン人の友達とハンバーガーを食べに行くんです。

度が過ぎる芸人、若井おさむ

若井おさむ君は「度が過ぎる芸人」です。

若井おさむ？　ご存じない方も多いと思います。若井君といえば、「機動戦士ガンダム」の主人公アムロ・レイのコスプレをしてそのモノマネをするピン芸人です（ネタにはもちろん、かの有名な台詞「親父にもぶたれたことないのに」も入ります）。

「マルコポロリ！」という関西ローカルのお笑いワイドショー番組があります。私がMCをさせてもらっているのですが、その番組に、1年に1度ぐらいの割合で彼がやってきます。「そろそろヤバい芸人特集」や「来年頑張らないとヤバいんです特集」、「私の悩みを聞いてください特集」といった、コーナー名は変わりますが、やっていることはほぼ同じ特集に、若井君含めた何名かの芸人が呼ばれ、自分の不幸話を面白おかしく喋る……それだけです。

その特集には、毎年坂上忍さんも聞き役で出てくださるのですが（あんなに忙しいのに……坂上さんには感謝しかありません！）、そこでの若井君のエピソードトークの度が過ぎていて、他の芸人さんの不幸自慢が霞んでしまうのです。

至って真面目な悩みとして若井君が話してくれたことには、何年か前のある日、吉本に呼ばれてこう言われたそうです。

「今の時代、アニメキャラのモノマネは訴えられる可能性もあるので、マズい。違う芸を考えてください」

コンプライアンスの問題で、作者の許可を得ていないモノマネ芸はリスキーなので、オリジナルな芸も考えて欲しいという会社の意向もこの時代、まぁ仕方ありません。

しかしアムロ・レイのネタができないことは、若井君にとって致命的でした。以降徐々に仕事が減り、最近では本当に少なくなり、お笑いの仕事は月に3本ぐらいしか入りません。そんな空いた時間で、ヤマト運輸で配達のアルバイトを始めたと言います。

「ガンダムだけでなく、新しい何かを考えなければ、芸人としてはやっていけないのか?」と真剣に悩みを打ち明ける若井君でしたが、すかさず他の芸人さんから、「えっ！　アムロやのに（ガンダムじゃなくて）ヤマトに乗ってるの」と上手なツッコミが入りました。スタジオのみんなが笑う中で、「どういうことですか?」と若井君一人だけが意味が分からず、ぽかーん。

こんなことも言っていました。若井君は、結婚して6年後の2014年に離婚したのですが、原因は「妻がかわいすぎて娘のように思えてしまった」ことだそうです。意味、分かります?　私には分かりません。

「例えば美味しそうな料理を見ると妻は少女のようなリアクションをするんです」

「どんな？」

「キャキャキャキャ。わぁ美味しそう、キャキャキャキャ」

「……？」

「かわいすぎて、性の対象に見れないんですよ」

そんな離婚理由、聞いたことありません。度が過ぎますが、あまりにキッパリ言われたので、私としてはそれ以上何も言えませんでした。

ここまでくると、怖さすら感じてきました。「繊細な神経の持ち主」という解釈では片付けられない、何かが潜んでいます。

こんなことも言っていました。

「お笑い芸人として、なりたい理想がない」「悩み事とかないのに全然眠れなくて、お酒を飲んでしまう」

そんな（正直よく分からない）悩みに坂上さんは、「寝酒で眠れるならいいんじゃない」と深刻に考えすぎないよう、やさしく答えてくれたところ、若井君は寝酒の量について「だいたい缶ビール6本とワイン1本を毎日」と明かしました。明らかに飲み過ぎです。

さらに若井君はある写真を見せてくれました。先輩と飲んだ夜、気分が良くて歩いて帰る途中、躓いてコケてしまった時のだというそれは、左目を中心に赤くパンパンに腫れ上がった若井君の顔でした。「えっ！」という坂上さんの絶叫がスタジオに響き渡り……。

明らかに躓いただけのケガの状態ではなく、「酔っ払って忘れているだけで、誰かに殴られたんじゃないの?」と思ったのですが、言い出せる雰囲気ではありませんでした。酒量もケガも、度が過ぎます。

若井君は更に近況報告をしてくれました。

「給料が減ったのでワンルームの安い部屋に引っ越したんです。狭くもなったから、飾っていた200体くらいのガンダムのフィギュアの8割ぐらい捨てました」

「ガンダム芸人としてそれは一番捨てたらアカンやろ!」と言おうと思いましたが、まっすぐな目で話す若井君を前に、何も言えませんでした。物の捨て方も度が過ぎます。

そして残った2割のガンダムフィギュアをどうしたかというと……。

「離婚の原因は僕にありました。妻を幸せにできなかったことを日々悔やんでいて、何か拝むものがほしくて」……嫌な予感しかしません。

「残ったフィギュアの中でジオン軍のを、金色の仏像に改造して拝んでいるんです」

さすがに私も、「ジオン軍でも地球連邦軍でもどっちでもええわ!」と、とりあえず早口でツッコみました。でも大丈夫、まだ坂上さんが笑っています。

話はまだ続いて、フィギュアを大量処分後、あるテレビ番組のスタッフから「フィギュアがいっぱいある自宅にロケに行きたい」と連絡があったそうです。若井君が「捨ててしまった」と言うと、そのスタッフは彼の性格をよく知っているので、「身辺の整理をしてるの? 自殺なんて考えてないよね?」と心配してくれたといいます。

「それは絶対にないです！」

若井君は強く否定しましたが我々もちょっと心配になり、「でも本当に自殺を考えた瞬間もあったんじゃないの？」と聞いてみると、「本当です。自殺なんか考えません！」と再度キッパリと否定しました。その様子に私は、「それならいいけど、なぜそこまでキッパリ言えるの？」とちょっとしつこく質問を続けたら、「僕は家の冷蔵庫の扉に『自殺は絶対にしない』と書いて貼っているんです！」と胸を張って誇らしげに言い切りました。もはや笑うしかありませんでした。

もちろん自殺はしたらいけませんけど、冷蔵庫の扉に貼りますか？　それ以前に「自殺は絶対にしない」ってあえて紙に書きますか？　ということは自殺を考えたことあるってこと？　色んな疑問が頭の中で駆け巡りますが、その状況で私に出来るのは反射的に笑うことと「他に冷蔵庫になんて書いて貼ってるの？」と若井君に聞くことです。

「『犯罪は絶対にしない！』って貼っています！」

その日一番の笑顔で、元気に答えてくれました。

今年の特集では、若井君からどんな話が飛び出すのか……。すでに度が過ぎる期待をしている私がいます。

最近こんなことしてます。　若井おさむ

最近身のまわりではたいしたことは起こっていないのですが、ついつい先輩の悪口をツイッターで書いたりするのでアカウントを消したり、仲違いしてた母親と16年ぶりに会ったり、道を歩いてるだけで怪しいと疑われ警察に取り調べ受けたり……。プラスチックの500㎖ほどのタンブラーでコーヒーを飲もうと思い、熱々のインスタントコーヒーを入れたら熱さでタンブラーがギューンと縮み、お猪口くらいの大きさになったことがありました。結果、コーヒーすべてが手にかかり大火傷を負いました。そのタンブラーには「60℃以上の飲み物は絶対に入れないでください」と書かれていたのです。

そんな日々ですが、これからも頑張ります！

テレビに出たくない芸人、NON STYLE石田

私には「漫才の先生」がいます。といっても、私自身は漫才をしません。若い時は舞台で自分のネタをやっていましたが、最近はお笑い芸人というよりテレビを中心としたタレントの仕事がメインになっています。

コンビを組んだことがないので漫才への憧れは強く、M－1グランプリはじめガチの漫才大会は必ずチェックしているのですが、必ずしも自分好みのコンビが優勝するわけではありません。

そんな時、漫才についてどんな質問をしても答えてくれるのが、NON STYLEの石田明君です。2008年のM－1の優勝コンビで、相方の井上裕介君が話をふり、石田君がスピーディーにボケをかぶせ、それにまた井上君がどんどんツッコみ、笑いを増幅させる……そんな万人にウケる漫才スタイルです。

石田君は本当に何でも、的確に答えてくれます。

「あのコンビはなんでM－1の決勝に行かれへんの？」

「あそこのコンビは大阪では人気でキャラクターが浸透しているけど、東京ではまだあ

まり知られていない。それなのに東京でも大阪のキャラを引きずって漫才するからダメなんです」

「東京のあのコンビは面白いのになんでアカンの？」

「前にいるお客さんに向けて漫才をしていないんですよ。袖にいる芸人を笑わせにいってるんですよね」

「芸人に笑ってもらったら嬉しいやん」

「ダメです。袖を意識してる漫才師はダメです。漫才は前に座っているお客さんに笑ってもらうモノです」

「あそこのコンビのあのボケ面白いのに、なんでウケへんの？」

「あそこはフリが悪いのとボケの奴がボケる時いらん動きするんです。客の目が散るんです」

大きな漫才大会が終わると、色んなコンビについて質問攻めにして教えて頂いてます。自慢の先生です。

他にも石田君に「漫才好きなのは知ってるけど、テレビでレギュラー番組をたくさん持ちたいとか、そんな野望はないの？」と聞くと、

「もともとタレントという仕事に魅力を感じていないので、テレビで成功したいという感覚を持ったことがありませんし、テレビはネタ番組くらいしかやりたいと思いません。ネタ番組も劇場に来てもらうための宣伝でしかなくて、生の舞台で見てもらった方が格

段に面白いので舞台中心でやっていきたいです」とキッパリと答えていました。

ノンスタの漫才が大好きなファンからすると涙が出るほど嬉しい答えだと思いますが、完全に私の仕事に対するリスペクトがないことを再認識しました。

石田君がそういう考えなのはわかりましたが、私からすると石田君はとてもテレビ向きだと思います。彼が持つ羨ましい限りのエピソードの数々が勿体無い！　私だったらテレビで喋りたくて仕方がないので、ここで披露させて下さい。

例えば石田君の実家は貧しく、借金があります（一般にはネガティブなことでも、我々芸人は自慢話のように喋る傾向があります）。

あまりにも貧乏で、小さい頃からろくな食事をとっていなかったので、異常なほど骨が弱くなり骨密度が70歳のそれだそうです。現在まで大きな骨折《けが》を7回もしています。
①デコピンして右手中指粉砕骨折。②スキップして右足の人差し指骨折。③ボールを投げて右上腕骨らせん骨折。④振り向いてあばら骨にひびが入る。⑤マンホールで滑って足首骨折。⑥それから立ち上がろうとして右手首骨折。⑦石を蹴ろうとして転び右腕骨折。
素晴らしく鈍臭くないですか？

そんな石田君はデビュー当時心の病にかかり、自殺を考えたこともあったそう（もちろんこれはこれで可哀想ですが、タレントにとって不幸話は〝オイシイネタ〟でもあるのです）。

治療のために薬を飲み始めた石田君は、その甲斐あって体調が良くなるのですが、今度は謎の副作用が彼を襲います。朝起きると借りた覚えのない『タイタニック』のDVDが2枚あったり、催眠術に異常にかかりやすくなったりしたそうです。テレビ番組の企画では催眠術師から「ノンスタの石田君に術をかけたい」と指名されたほど（この謎の〝副作用〟はあくまで私の推測です。現在は病気も治り薬も飲んでいません）。こんな話、テレビで披露したら大ウケです。

他にも石田君がタレント向きなのは、スーパーポジティブシンキングかつキモカワで人気の井上裕介君を相方に持っていることです。井上君はキモカワなナルシストでめちゃくちゃイジり甲斐がありながら、ツッコミの腕も有段者並。石田君のスピーディーなボケにマシーンのようにツッコみ、その上フリートークもできる頼もしいヤツです。

頭の良い石田君が自分の武器を分かっていないわけがありません。でも本人はあくまで舞台第一主義。

だからこそ、井上君が接触事故を起こしてタクシー運転手さんがケガをするという不祥事を起こした時、ピンで舞台にあがった石田君は光り輝いていました。相方の不祥事をイジりながら、面白い言葉の数々を繋ぎ合わせて喋り倒します。正直、ノンスタの漫才よりウケていたぐらい。「こんなにウケるなら、当分、井上には謹慎していて欲しい」と言っていたとかいないとか。

まぁココだけの話、井上君は事故前、漫才よりテレビの仕事をやりたい願望が強かったそうです。「最近アイツ漫才、手ェ抜きよるんです。流して漫才するんです。腹立つわ〜」と石田君は言っていました。事故後の会見で井上君が、漫才ができる幸せや石田君への感謝の気持ちを口にして泣きまくったのを「おまえ事故前、漫才やる気なかったやん！」と愚痴ってもいました。

そんな井上君は復帰後、当たり前のように漫才大好きキャラになったのですが、1年ちょっと過ぎた頃、石田君に「最近の井上君どんな感じ？」とメールを送ったらこんな返信がきました。

「事故前の井上に戻りつつあります。井上には一つ一つの舞台を大切にしてもらいたい。お金を払って来てくれるお客さんへ少しでも笑ってもらいたいというサービス精神が欲しい。自分が動かない楽なネタばかりやろうとせず、他のネタもやって欲しいです。他にもありますが長くなるのでここらへんで。あっ！ 最後にこれだけ。井上がチーフマネージャーに『漫才の出番をひと月15回までにして欲しい』と、僕には言わずに連絡していたことには悲しくなりました」

あの涙の会見はなんだったのかと言いたくなりますが、このへんの立ち回り方の単純さが、井上君の可愛くて面白いところです。

テレビに出まくりたい井上君とテレビより舞台で漫才をやりたい石田君。結局石田君は漫才を作っている時が一番楽しいのかなぁ。一円にもならないその時間が一番好きなのかなぁ。

なんだかこのコラムが石田君の漫才師としての男前な話に着地したことに少しイラッ

としてます。なぜなら私は限りなく井上君の考え方に近いから。もっともっとテレビに出ろ！　石田！

最近こんなことしてます。　石田明（NON STYLE）

僕はと言いますと、順風満帆です。相変わらず生の舞台と脚本、作家がメインで生計をたてています。

子供が出来てから、テレビへの興味はさらに薄れてしまいました。

相方の井上は完全に過去（接触事故で活動自粛）をどこかに置いてきた感じでしょうか。チュートリアルの徳井さんが所得隠しや申告漏れを東京国税局から指摘されて芸能活動を自粛した問題を、早速イジって世間から返り討ち炎上してました。小学生でも「誰がイジってんねん」と思うようなことにすら、彼は気付けないんでしょうね。もうかわいそうになってきました。あの件以降も騒音問題、徳井さんイジり問題、あとは表に出ていない問題、いろいろありました。人は変わりません。変わろうと思わない限りは。

唯一の光は、漫才だけは本当に楽しんでやってもらえるようになったことです。

私はこれ以上、彼に何も求めません。強いて言うならツアーの箇所を減らそう減らそうとするのだけはやめてほしいです。

それだけです。

宣言しまくる男、キングコング西野

憎たらしいけど気になる。面倒くさいけど喋りたい。時に変な帽子をかぶり、時に綺麗な無精髭をはやし、時に髪の毛を几帳面にクシャクシャにする。キングコング西野亮廣君ってどんな人？　中島みゆきの有名な曲「糸」の歌詞になぞらえるなら、「縦の糸は仕事。横の糸は失言。織りなす布は……」といったところでしょうか。

西野君は南海キャンディーズ山里君、ＮＯＮ ＳＴＹＬＥ、とろサーモンの久保田かずのぶ君、ウーマンラッシュアワー村本大輔君、なかやまきんに君、ネゴシックス君など錚々たるメンバーが同期、大阪ＮＳＣの22期生で相方は梶原雄太君。シュッとしたイケメンの西野君と小柄でサル顔の梶原君。二人はまるでナインティナインの再来かのようでした。

キングコングは出世が早く、芸歴2年でフジテレビ「はねるのトびら」のメンバーに選ばれます。たった数年で深夜番組から枠移動してゴールデンに昇格。11年も続く超人気番組になったものの、演者・スタッフが共に目指していた「めちゃイケ」のような国民的人気番組にまではなれず、２０１２年に番組は終了。結果、西野君はナイナイのようなお笑いスターにはなれませんでした。

ここから西野君は良い意味でも悪い意味でも目立ち始めます。とにかく動き回る。片っ端から手を出す。とりあえずやってみる！　今から西野君の足跡を羅列していきます。時系列が前後しているかもしれませんが許して下さい。なにせ、やったことが多過ぎるので。

まずは、テレビの仕事を辞めると宣言します。改めて、「キングコングは漫才師だ！」と宣言したのです。グルメ番組やクイズ番組に出るために芸人になったんじゃない、と。更には、ひな壇でのトークができてこそテレビで活躍できる時代に、「ひな壇に座らない宣言」まで飛び出します。宣言が好きなんですねぇ。

自身のブログを敢えて炎上させた翌日に、イベントや大事なお知らせをする（本人に聞いたらかなりの宣伝効果があるようです）。

タレントや女優さんや歌手と交際する（それが報道される度に芸人みんなが悔しがりました）。

「アメトーーク！」で「好感度低い芸人」の回に出演。案の定トホホな感じになり、企画を逆手にとって好感度を上げることに失敗する（これには芸人みんなが喜びました）。

タモリさんの勧めで絵本を何年もかけて2冊執筆する（細い黒ペンだけで線を重ねて描くので、1枚描くのに1カ月は必要らしいですが、私はこれをあまり信用していません。噂ですが「毎日描いたら2週間ぐらいで描ける。毎日描かないだけだ」とノンスタの石田明君が言っていました）。

「ガリゲル」という関西の深夜番組のレギュラーになると、番組中は終始、嬉しそうにしている（関西では嫌われていないと思っているのかな?）。

ツイッターで、ある作家さんの作品を「面白くない」とつぶやく（その時、同期の南キャン・山里君が横にいたといいます。怪しいですねぇ）。作家の嫁である先輩芸人が激怒し、後に本人に直接謝罪することになるが、周りが許さず遺恨が残る（私は笑いました）。

今度はタモリさん原案で5年の歳月を費やし絵本を1冊描き、貧しい国の人達に無料で配る（これは作品自体を読んで欲しいのと、話題になれば世界的ヒットに繋がるという一石二鳥作戦でしたが、残念ながら世界的ヒットには繋がりませんでした）。

絵本に続き、ビジネス書も出版。そこには西野君による名言・迷言が書かれていて、例えば「ウォルト・ディズニーを倒す」。ここでも大好きな「宣言」ですねぇ。こうなってくると、周りから心配され始めます。そんな心配をよそに、今度は「ディズニーの倒し方がわかった」とも言い出しました。もちろん誰も信じず、いかれた人扱いされ始め……。

またまた「アメトーーク!」では私が持ち込んだ「スゴイんだぞ!西野さん」という企画もありました。そのビジネス書をイジり倒し、西野君が編み出した「ドキドキしてる?」というポジティブワードで、私は強引に皆を笑わせました。が、放送後、本は全く売れず、私は「申し訳ないことをした」と反省しました。

そんな西野君、ここへきて、芸人とは「職業名」ではなく、「生き様」だと宣言。意味わかる方います?

西野君の快進撃は止まりません。深夜番組「ゴッドタン」では、劇団ひとり君に服をビリビリにされ、イジリ倒されます。あのシュッとした西野君が、です。もちろん、思い切り「ゲロすべり」(西野君の言葉ママ)しました。

ハロウィンの翌日に渋谷で「娯楽としてのゴミ拾い」を計画。西野君アンチのネット民が大挙して渋谷に押し寄せ、先にゴミを拾ってしまうという珍事が起こり、遅れてやって来た西野君達はやることがなくなる。西野君の宣言の影響力は絶大ですねぇ。

5冊目の絵本『えんとつ町のプペル』は、複数のクリエイターが関わる分業制で4年以上かけて完成。その資金はクラウドファンディングを利用して、3000人から1000万円以上を調達したといいます(この当時お笑い芸人でクラウドファンディングを使い成功した最初の人だと思います)。

さらに発売直前には、『プペル』の個展を入場無料で開催するためのクラウドファンディングも実施し、6000人以上が参加。4600万円を超える資金が集まりこれも大成功。

驚くなかれ、まだまだあります。発売されると、西野君はいきなり、『プペル』をネットで無料公開すると言い出します。作家自身が自分の作品を無料で公開する是非が議論され、ネットは大炎上。結果、(西野君の想定通りか)本は40万部を超える大ヒット、映画化も決定します。

2次元の世界だけにとどまらない西野君の創作意欲が次に向かったのは、「おとぎ町」という町づくり。この辺りから僕もだんだん、彼が何をしたいのかわからなくなっていきます。

アイリッシュ音楽が好きになった途端、仲間と音楽とお酒がお気に入りになったかと思えば、「ゴッドタン」で劇団ひとり君に、もっと服をビリビリにされ、肛門に指を入れられ……前回以上に思い切りのいい「ゲロすべり」。

「芸人が絵本なんて描くな」と方々から言われると、「芸人引退宣言」と同時に「絵本作家宣言」を……って何回めの宣言だよ！

ナインティナインの岡村隆史君から「芸人として、かくあるべき」と言われると、「岡村さんが嫌い」と先輩芸人に向かって宣言したかと思えば、「めちゃイケ」内ですぐに仲直り。

この辺りから西野君もちょっと迷走気味になっていくのか、「座らない」と宣言したのに、バラエティー番組のひな壇に座ってみたり、「大人のための学校『サーカス！』」というイベント（内容は私に聞かないで下さい）を立ち上げたりします。

「お笑いとはドキドキさせること」と発言し突如、ニューヨークで絵本の個展を開いた西野君ですが（資金はもちろんクラウドファンディングで。585人から約530万円を集める）、「それでは（ＮＹに）行ってきます。ちょっくら奇跡に用があるのです」と発言して失笑され……。

その後もパインアメ特命配布主任に就任したり、絵本作家を引退したり……ついには「ミュージシャン宣言」まで飛び出す始末。

カッコよくなるために無精髭を生やし始め、またまたビジネス書を出版。前作以上に名言・迷言、はたまた狂言まで収録されていましたが、ホリエモンや見城徹さんなど多数の著名人が興味を持ったせいか、１週間で10万部の大ヒットに。

このヒットの影響か、続いての興味は「飲み屋としてのスナック」に。人間に残された才能は「完璧さ」ではなくて「愛される欠陥」だから、人はコミュニケーションを求めている。それが残っているのがスナックだそうです。

「ビジネスマンとして、もっと成長したい」と宣言後、レターポットなるものを編み出します。どうやらネットの中で文字をお金に変えるシステムらしいです（私の拙い説明ですみません）。またもやクラウドファンディングで、簡単に開発費用の１０００万円を集めてしまうんだから、完全に西野君に風が吹いていています。

そして最近では「西野亮廣エンタメ研究所」なる胡散臭いオンラインサロンを立ち上げました。オンラインサロン？　調べてみると、ネット上に作った非公開グループ内で西野君が色々な企画のアイデアを出すと、そのサロンの会員の人は、それにのっかるもよし、さらにアイデアを出すもよし、その様子を眺めるだけでもよし……会員には起業家やクリエイターが大勢いて、すでに1万人を突破。1万人ですよ！　国内最大級のサロンだそうです。

ちなみに月会費は一人1000円だから、1カ月で1000万円、1年で1億2000万円以上！　そのお金でまた新しい「遊び」が開発され、そしてそれがまたお金を生みどんどん彼と彼の考えたアイデアが世の中を面白く変えていくのでしょう。

アッ！　いつのまにか私は西野君のことをベタ褒めしていました。賢明な読者の方ならもうおわかりでしょう。私は……ただの西野信者です！　西野君のことが気になって気になってしょうがないのです。日々こっそり、西野君の動向をチェックしているのです。

断言します。西野様はエンタメ界、ネット界の神です！　古きメディアを破壊し、新しいネットの世界を創る、創造主です！

ちなみに私の目標はといえば「全国ネットでレギュラー番組持ちたい！」「たくさん稼ぎたい！」です。

「ニシノ様！　教えて下さい！　ニシノ様の目には私、東野幸治はどのように映っているのですか？」

「東野さん？　そうだなぁ。旧態依然としたお笑いタレントで、ガラガラ声を張り上げて自分はまだまだイケてると思っている滑稽なおじさんタレントかなぁ」

「ニシノ様！　お言葉ありがとうございます！　ニシノ様そんな私にヒントを！　芸能

界であと少し稼ぐヒントを下さい！」

「そうだなぁ。俺の最新刊『新世界』を読めば、そこに答えが書いてあるよ。ヒガシノ心配するな、大丈夫、いけるよ」

「ニシノ様……ありがとうございます！」

最近こんなことしてます。　西野亮廣（キングコング）

今は、パリにいます。

エッフェル塔での個展を成功させました。いい感じに調子にのっているので、どこかのタイミングで処刑してください！

たぶんもう一生売れない男、リットン調査団藤原

「2丁目探検隊」と聞いてすぐお笑いイベントとわかる人は、50歳以上で余程のお笑いオタクだと思います。

今から30年ほど前、大阪はミナミの心斎橋筋2丁目劇場という劇場で、ダウンタウンさんを筆頭に今田耕司さんや130R（板尾創路さんとほんこんさん）、ボブキャッツさんなど大阪NSC組の先輩芸人の皆さんと、私や同期の芸人でリットン調査団、清水圭・和泉修《しゅう》、メンバメイコボルスミ11などのオーディション組が、月に一度の「2丁目探検隊」というイベントで切磋琢磨していました。

私はその中でもリットン調査団とは同じルートで吉本に入り、同じ仕事をして、同じ飯を食べ酒を飲み、バカ話で腹を抱えるほど笑い合ったりしていました。未来のことなどボンヤリとしか考えてなかった時代です。

リットン調査団とは水野透と藤原光博の二人組で、カルト的な人気を誇るコント師です。カルト的というのは、いわゆる「フリがあってボケがあって相方がツッコむ」というパターンに当てはまらない笑い。例えば「坊さんが屁をこいた」とミュージカル風に

歌い踊ったり、チョンマゲのカツラをかぶって「♪ちょんまげつけたらヨーロレイヒ〜」と歌ったりする……意味わかりませんね。当時の劇場のお客さんは女子中高生が中心だったのであまりウケなかったのですが、中にはツボにハマる女子高生もいたし、男子や芸人仲間にファンが多く、結成当時のブルーハーツがわざわざリットン調査団を観に来てゲラゲラ笑っていたという都市伝説のような話もあるくらいです。

デビューから34年経った現在、藤原さんは57歳で水野さんは59歳。二人ともアルバイトをしながらの芸人人生です。なかなか辛いものがあると思います。芸風は今も変わらず、東京や大阪での劇場の出番もありません。営業やイベントの仕事が中心です。

そんな二人の出会いは藤原さんが大阪の桃山学院大学に入学した際のこと。プロレス研究会の看板に貼られた、当時WWFヘビー級チャンピオンのボブ・バックランド選手のポスターを眺めていた時でした。

「ちょっとチミチミ、プロレス好きなの?」

『天才バカボン』の世界から飛び出してきたような台詞に振り返ると、そこには後に相方になる丸顔の水野さんがいました。バカボンの世界が大好きな藤原さんは何の躊躇《ためら》いもなく「好きなのだ〜」と答えました。

二人はすぐに意気投合。プロレス研究会では水野さんがプロレスの実況、藤原さんがレスラーになりコントを演じ、仲間内ですぐに人気者になりました。さらに藤原さんは当時人気のテレビ番組「ラブアタック!」にレギュラーで出演。一人の女子大生を巡って数名のおもしろ男子がアピールし合うその番組で、必ず毎回振られる「みじめアタッカー」になり、ますます人気者になりました（ちなみにその数年前の「みじめアタッカー」が百田尚樹さん。それを機に放送作家となり「探偵！ナイトスクープ」の構成作家になります）。

そんなある日、水野さんに「俺が黒澤になるからお前は三船になれ！」と言われて、藤原さんはお笑いの世界に飛び込みます。黒澤明監督と三船敏郎さんの関係性と同じで、リットン調査団は水野さんがネタを書き藤原さんが迷う事なく演じるコンビになりました。

当時、大阪ではダウンタウンさんが女子中高生に大人気。めちゃくちゃ面白くてカッコイイ。そんなお客さんの中でリットン調査団のコントはなかなか受け入れられませんでした。

30年くらい前のある日、事件が起きます。生放送でリットン調査団がネタをしていたら、客席の女子中高生が「おもんない！」と野次ったのです（お客さんが勝手に喋り出すって、そんなネタ番組ありますか?-）。

一瞬現場は変な空気になりましたが、リットンさんは気にせずコントを続けました。するとまた客席の別の誰かから「帰れ！」の野次。さらに「キショイ！（気色悪い）」と続き、もう止まりません。「帰れ帰れキショイ！　帰れ帰れキショイ！」と、まさかの生放送での大合唱。さすがにいつも穏やかな相方の水野さんも「ネタしてる芸人に『帰れ』とか『キショイ』はないやろ！　お前らの子宮食べたろか！」と応戦したところ、火に油。しかもよく燃える油が注がれてしまいました。先ほどよりさらに大きな声で「帰れ&キショイ！」が響きわたり、舞台と客席はイムジン河の如き分断で、さすがの二人もネタを続けることができませんでした。

後日藤原さんは「俺らで笑わんでええから黙ってて！　で、相方のあの発言もアカン。そらぁあの娘《こ》らも怒るわ」と笑いながらも愚痴ってました。その話を聞いて私は大爆笑、リットンさんはやっぱり面白い！

ここで少し過去を振り返ると、ダウンタウンさんが東京進出したので我々（今田耕司さんや130Rさん、木村祐一君ら）も付いていくように上京しました。「ダウンタウンのごっつええ感じ」や「生生生生ダウンタウン」に運良く出演させてもらえました。1992年頃のことです。

残念ながらリットン調査団は東京には呼ばれません。しかし大阪にいても仕事がないので、少し遅れて藤原さんがこっそり東京に進出、水野さんにもすぐに来て欲しかったのですが、なかなか来てくれません。

そんな98年4月4日。アントニオ猪木の東京ドームでの引退興行のチケットを2枚購入した藤原さんは、1枚を水野さんに「東京ドームで待ってるで」と言って渡しました。当日藤原さんは開門時間に東京ドームで待っていましたが、水野さんは来ません。30分ぐらい遅れて遠くから、丸顔が汗でテカテカになった水野さんが「水道橋の駅からドームまでは遠いなぁ」と呑気にやって来ました。そして二人は無事、コンビでの東京進出を果たしたのです（リットン調査団を語る時プロレスの話はつきもの）。

上京後、藤原さんはホテルのレストランで皿洗い、水野さんは羽田空港の荷捌き場でアルバイトを始めます。芸人の仕事があまりないのと、気が利いて仕事ができるのとで、藤原さんは若い頃から、アルバイトをすれば責任ある立場をすぐに任されます。

最近では奈良県に本部がある有名なラーメン屋チェーン「天理スタミナラーメン」でもその本領は発揮され、本来なら2カ月かかるところ2週間で調理のノウハウをマスターし独立。本人曰く「お笑い以外は何やっても成功する！」そうですし、先輩のベテラン店員さんに「こんなに早く独立できた人は初めてだ」と褒められたと、誇らしげでした。

そして後日、ドン・キホーテ新宿店の敷地の片隅に天理スタミナラーメンの屋台を出しました。東京で唯一のフランチャイズ店です。取材で藤原さんは「資金は知人から無利息で提供してもらった」「お笑いの世界ではまだ金脈をつかめませんが、人脈だけはあるんです」と雄弁に語ってました。芸人の仕事より、明らかに生き生きしています。

藤原さんは現在、横浜の居酒屋でウエイターのアルバイトをしてます。

「テレビ出てないから安心してバイトしてるけど、たまに顔指される〜嫌やわ〜」

本当に嫌がってるのか嬉しいのかは定かではありません。

まさにちょうどこの原稿を書いている時、藤原さんは新たに掃除のアルバイトも始めたそうです。後輩でパタパタママというコンビの木下貴信君は清掃会社の所長をしていて、タレントの仕事だけでは食べていけない仲間をアルバイトとして雇っています。急な仕事が入ったらバイトを休んでもＯＫなので、タレント側としてはありがたいそうです。

木下君がツイッターで教えてくれました。

〈本日よりリットン調査団藤原さんが働くことになりました。大変丁寧に鏡を拭いておられて恐縮でした。30年後輩の若手に鏡の拭き方を指導してもらっているレジェンドの姿は美しかったです。〉

……なによりです！

そんな藤原さんも、東京に進出した際、メンタルをやられた事がありました。尊敬するジャイアント馬場さんが亡くなった時です。

「バイトも手につかへんし、呑んだくれて、自暴自棄になって泣いてたわ〜」

確かにプロレスが好きなのは知っていましたが、「馬場さん死んだのは悲しいかも知れへんけどそこまでなるか？」というのが私の正直な感想でした。さらに藤原さんは大真面目に続けます。

「そしたら、ある日夜中に目が覚めてん。そしてベランダ見たら馬場さんが立ってんねん。馬場さんに『馬場さん！』て泣きながら抱きついたら、馬場さんが『アンタいつまで泣いてるんだい。俺は生きてるよ』って言われてん。それで立ち直ったわ〜」

よくわからない話ですが、藤原さんが本気でそう思っていることは伝わってきました。

けれど、どこまで本気なのか？　もしかして本当に病んでいるのかも？　こういう場合は問い詰めないほうがいいだろう。とにかく藤原さんが元気になったから良かった……。

藤原さんが千葉ロッテマリーンズのファンというのは我々芸人の間では有名な話なのですが、「ＬＩＶＥ ＳＴＡＮＤ」という吉本芸人が全員出演するイベントが千葉の幕張メッセであった時のこと。出演者は皆、揃いのＴシャツで登場したのに、藤原さんだけなぜかロッテのユニフォームのＴシャツを着て参加したのです。

「なぜだ？　ベテラン芸人は好きなＴシャツを着てＯＫなのか？　それともヤケクソになっているのか？」

若手芸人達が恐る恐る聞くと「ロッテの試合の帰りにちょっと寄っただけ」と言われ、みんなズッコケました。吉本芸人が全員出演するイベントに、リットン調査団が呼ばれてなかっただけでした（その理由は分かりません、聞かないで下さい）。

藤原さんは相撲好きとしても有名です。貴乃花が横綱だった時のこと、稽古をプライベートで見学していたらたまたま横綱に密着中のドキュメント番組に映り込み、そのまま放送されたこともあったそうです。

同期の我々はデビューした頃、ほとんどの仕事で一緒になりました。ウケたりスベったり、試行錯誤しながら頑張っていた時、こんな約束をしました。

「藤原さん。５年後どっちが売れているか勝負しましょう！　売れてない方が売れている方に１０００円払うってどうですか？」と何気ない提案でした。

藤原さんは機嫌良く「オモロいなぁ。やろう。売れてない方が1000円払うんな」。そんな約束など忘れていた3年後、藤原さんとお酒を飲んでいたら突然、「あと2年あるけど無理や。先払っておくわ。あんたの方が売れた」そう言って1000円札を私に握らせました。

その頃私はダウンタウンさんとの番組を中心に順調に仕事を増やし、東京に行ってからも「笑っていいとも！」や他の大きな番組に呼んでもらったり、新しい番組をメインでやらしてもらったりしてました。リットン調査団とは仕事で会う機会もなくなり、1年に1回会うか会わないか、会ったところでお互いに仕事の話をすることもなくなりました。2丁目劇場に出演していた時はあんなに喋っていたのに。

今から10年ぐらい前、藤原さんがこんなことを言ったそうです。

「最近いいか悪いかわからへんが、リットンはもう一生売れることはないって思うようになった」

とは言うものの、東京でも藤原さんは手応えのある仕事をしています。それは猥談、いわゆるスケベな話です。

若い頃からエロいことばっかり考えていたけれど、モテないから童貞まっしぐらだった藤原さんは、私と出会った24歳の時も、まだ童貞でした。その後、晴れて童貞を捨ててからは一気にターボがかかって、前のめりに変態になりました。

「3回目のエッチの後で一緒にお風呂に入って彼女がシャンプーをしている後ろから背

中におしっこをかけた！」と嬉々として私に喋ってきました。

シャンプーハットのこいで君と「東京スケベ協会」なるユニットも組んでいますし、『笑う猥談』という本まで出しています。でも藤原さんの下ネタはワードのセンスがキツ過ぎることが玉に瑕。「女子高生のションベンをどんぶり一杯飲みたいわ〜」と舞台の出番前に袖で言ったり、「嫁とのセックスを一回覗いてくれへん？」と後輩芸人に本気でお願いしたり、それで笑うのは芸人だけですからねぇ。

先日、本当に久しぶりに二人で喋る仕事がありました。30年前に出会った時と同じ、ジーパンにチェックのシャツ姿の藤原さん。銀縁メガネもまんまです。前髪がやや薄くなり少しハゲてきました。最近では役者の仕事などもしたりしているそうですが、吉本からの給料がゼロの月もあるそうです。

その番組でちょっと意地悪な質問をしました。

「藤原さん、これからの夢ってあるんですか？」

「そうやな。1回結婚して離婚したから、夢はもう1回結婚したい。このまま一人で死ぬのだけは絶対に嫌や」即答でした。

「出来ると思いますよ。まだ56歳でしょ。彼女出来ますよ」

そう言いながらも私はさらに意地悪な質問を続けました。

「もしその彼女が『結婚してもいいけど、芸人辞めて。真面目に働くんだったら結婚してもいいよ』って言ったらどうします？」

すると藤原さんは間髪を容れず、「そりゃあ無理やわ。芸人は辞められへんわ。だって楽しいもん」とニコニコ笑いながら答えてくれました。

「一回でも客前で爆笑とったら、辞められるかいな。あんな快感ないやろ」

志は未だ衰えず。今度会えるのはいつだろう？

最近こんなことしてます。

藤原光博（リットン調査団）

最近はTBSの日曜劇場「ノーサイド・ゲーム」にレギュラー出演しました。日曜劇場といえば、歌手だと紅白かレコード大賞に出るような、役者の誰ものあこがれなので、充実の4カ月の撮影でした。

さらに2019年11月には、二階堂ふみ主演映画『生理ちゃん』で、二階堂ふみさんの上司役で出演しました。その他にもドラマ出演の話がチラホラとあり、役者としての活動でその地位を確立できれば良いと思っております。

しかしながら、相変わらず毎日バイト生活で、闇営業問題で謹慎中の芸人と一緒に働きながら、「もうちょっとの我慢ですよ！　絶対役者として売れますよ！」と逆に励まされています。

コンビでは定期的にネタの単独ライブがあり、全力投球しています。

たとえピンで仕事があっても、コンビ活動や相方をないがしろにする人は消えてしまうとの僕の中の思いがあります。

今度こそ幸せに！　陣内智則君

陣内智則君の波乱の芸人人生はこの本を読んでいる皆さんなら知っていることだと思います。

東京では「エンタの神様」への出演をきっかけにブレイクし、関西でも時を同じくして「なるトモ！」という月曜日から金曜日の午前中の帯番組で高視聴率を獲得してブレイクしました。その後、アノ人気女優と結婚。当時、陣内君は天下を獲っていたと言っても過言ではありません。

特に関西では「さんま・しのぶ」以来の祝福ムード。いつしかみんなから「殿様」「若様」のニュアンスで「陣様」と言われ出しました。陣内君は浮かれに浮かれ、人生のピークを迎えていました。噂では陣内君のお父さんも兵庫県加古川の地元で少し浮かれていたそうです。

しかしピークは長くは続きませんでした。

陣内君の浮気が原因で夫婦の仲も悪くなりやがて離婚。「転がり落ちる」という表現が柔らかく感じるぐらい、陣内君は切り立った崖をとてつもなくマッハのスピードで落ちていきました。噂では陣内君のお父さんも少し街を歩きにくくなっていたそうです。そんな時代、私はゴルフにハマっていました。ゴルフに行きたくて行きたくて、仕方がなかったのです。

ゴルフをする芸人たちを誘うのですが、みんな忙しいのでなかなかメンバーが見つかりません。そこで、陣内君です。

彼はバッシングに次ぐバッシングで仕事がなくなって暇になっていたのです。

正直、個人的には喜んでいました。なぜなら一緒にゴルフに行くメンバーが見つかったからです。当時よく二人で行きました。

彼は人目を避けるようにゴルフ場にやってきて、こっそりとゴルフをしてお風呂にも入らず帰って行きました。プレー中はよく、「僕どうしたらいいんですか?」「女の敵になってしまいましたわ」「仕事が何本もキャンセルになりました」と一人呟くように言っていました。「大丈夫やと思うで」「なんとかなる」「今だけやと思うで」。何一つ具体的なアドバイスのない私の励ましに、彼は腑に落ちない顔をしてました。

うじうじと悩みながら、グリーン上でパターを打つ前にキャディーさんによく聞いてました。

「キャディーさん、このラインはフック? スライス?……僕、どうしたらいいの? ねぇ……ねぇキャディーさん、僕はどうしたらいいの?」

半分ボケ、半分本気で尋ねる陣内君に、キャディーさんはグッと笑いをこらえてキッ

パリと、

「このラインはフックです。あとはわかりません」

と答えていました。

そんな陣内君は芸人には珍しい社交性のあるタイプ。ちなみに私なんかはほとんど同じ吉本の後輩芸人としか食事や遊びに行きません。

2017年11月、陣内君はフジテレビのアナウンサーの方と2度目の結婚式をハワイで挙げました。芸人仲間は仕事が忙しく参加出来なかったのですが、陣内君が普段親しくしている一般のご友人たちが参加したそうです。

そういえば陣内君が恒例としているラスベガスでの単独公演にもその友人たちは行ったそうです。どうやら陣内君に便乗して、国内外で遊びたいというのもあるようです。だから「陣ちゃん、来年もベガスで公演してな！」「陣ちゃん、結婚式は海外でやってな！」とエールを送っているとかいないとか。

そして日本でのサプライズ結婚パーティーも先日ありました。

ハワイの挙式に行けなかった仲間たちのために、陣内君には内緒で元プロ野球選手の桧山《ひやま》さんや新婦の未央さんが日本での結婚サプライズパーティーを企画しました。

そのパーティーの司会が桧山さん。改めて言いますが、元阪神タイガースの桧山進次郎さんですよ。代打の神様ですよ。元々阪神ファンの陣内君ですが、番組で知り合った憧れの野球選手に対して、いつのまにかタメ口になる。代打の神様の桧山さんは怒らない。なんだったら桧山さんの方から「陣ちゃん」と親しみを込めて呼び、二人は親友の仲に。

今回の結婚について、桧山さんは陣内君のご両親に「陣ちゃんの嫁さんには未央ちゃんが絶対ええ！　未央ちゃんじゃないとアカン！」と力説したそうです。そんな風に言ってもらえる陣内君に、私は少し嫉妬します。

そして新婦の未央さんも陣内君を驚かせようと桧山さんたちと頑張っていたのにも感動しました。でも私は気になりました。普通、こういうサプライズパーティーで引っかかるのは新郎新婦のはずですが、今回は新郎だけを引っかける？　ここからは私の勝手な想像です。

ご存知の通り、陣内君は一度結婚に失敗しました。有名女優と一世一代の華やかな結婚披露宴を開いたにもかかわらず、数年で離婚。それも陣内君の浮気が原因で。そして今回は2度目の結婚。もう少し早く再婚することもできたらしいですが、元奥さんの再婚もあり時期をみてのこのタイミングだったそうです。

陣内君は様々な方面への配慮から、日本での披露宴は控えようと考えたのだと思います。

「派手に披露宴をしてしまうとそれがニュースになって、あることないこと言われるかもしれない。それで嫁の未央が悲しむかもしれない。ならば、ハワイで身内のみで式を挙げるだけにしておこう」

それを桧山さんたちが「それじゃアカン！　ハワイに来られなかった陣ちゃんの友達にも報告せなアカンし、祝ってもらわなアカン。そして未央ちゃんの友達にも祝ってもらわな、アカン！」というわけです。

だから陣ちゃんには秘密にしてサプライズの結婚パーティーにした……そんな勝手な想像をして、私は男・桧山に感動してしまいました。

もちろん新婦の未央さんを祝うためにフジテレビからも大勢の方が出席していました。と、なぜそんなにこのパーティーに私が詳しいのか？

実は私も桧山さんから誘われて陣内君には内緒で出席してきたからなのです。行ってびっくりというかやっぱりというか、陣内君側の出席者は芸人とはまったく関係のない友人たちで、芸人は4、5人しか来ていませんでした。桧山さんが企画したパーティーだったので芸人たちに連絡がいってなかったというのもあると思いますが、それにしても芸人の結婚式で芸人が肩身を狭くしているなんて初めての経験でした。

何も知らない陣内君が会場にやって来ると、みんなから祝福のクラッカーを鳴らされて……めちゃくちゃビックリしていました。スタートから大盛り上がりで、出席者のスピーチ、ハワイでの挙式の映像が流れるなど、和やかな時間が流れます。

そんななか、唯一、陣内君と未央さん始め多くの出席者が凍りついた瞬間がありました。

盛り上がる空気の中、会場を凍りつかせたのが、ゲームコーナーでザ・パンチのパンチ浜崎君がステージに上がった時でした（芸名に忠実な彼は、パンチパーマで派手めなヤンキーファッション。「はいチャース、チャッチャチャチャース」のギャグでお馴染みの人です。知らないかな？）。

少しザ・パンチの説明をします。端的に言うと、2008年のM－1グランプリ決勝で最下位になってからテレビに出なくなったと言われている漫才コンビです。漫才中にパンチ浜崎君が女の子との妄想を言い、相方のノーパンチ松尾君が「も〜お願いだから死んで〜」というツッコミがお決まりのコンビ、とも説明できます。

でもこのツッコミが最近のテレビではふさわしくないそうで、「死んで〜」は言えなくなってしまいました。言ってもオンエアしてくれません。仕方がないので違うフレーズでツッコみます。

例えば「お願いだから、じゃが芋の芽を食べて〜」「サウナで金縛りにあって〜」。当然のことながら、「死んで〜」のインパクトには勝てません。

話をゲームコーナーに戻します。古今東西ゲームで「フジテレビのアナウンサーを5人言ってください」というお題をふられたパンチ浜崎君は「えー！　フジテレビのアナウンサー!?」と、しばし沈黙。ボケのための沈黙でないことは、誰の目にも明らかでした。私は「頑張れパンチ！　会場には大勢のフジテレビアナウンサーがいる、正解しなければエライことになるぞ！」と心の中でエールを送っていました。

司会の人が「たくさん来てるから簡単でしょ！」と促すと、「え〜っと〜……カトパン！」と真顔で答える浜崎君。

「……辞めました！」

静まり返る会場に、

「え〜っと。すいません。マジで出てこないです！　今のフジテレビですよね」

会場は再び静まり返ります。未央さんが機転を利かせて近くのマイクを持ち、「ちょっと！　私もフジテレビのアナウンサーですよ！」とツッコみながら救いの手を差し伸べると、

「あっ！　未央さん！　それと、山崎さんも！」

「正解！　あと3人！」

会場の雰囲気が少しだけゆるんだものの、

「え〜っ、もう出てこないです、すいません！」

と、再び沈黙する浜崎君。未央さんの横に座る陣内君の右足が揺れています。

「男性アナウンサーでもいいんですよ！」

「ますます分からないです……あっ！　いた！」

この声の張り方はボケるなと、会場にいる芸人数名が息を呑んだところ……、

「安藤優子さん‼」

芸人のパンチ浜崎君。意を決して、最後は撃沈覚悟で果敢に、特攻隊の精神よろしく

半ばヤケクソで絶叫しました。

「違います‼」

司会者のツッコミが会場の隅々まで響き渡り、パンチ浜崎君は背中を丸めステージから降り、トボトボと自分の席に戻って行きました。誰も彼に声をかけませんでした。パンチ浜崎君は参加したことを心の底から後悔したでしょう。せめて、相方のノーパンチ松尾君が横にいたら……。アレ？　陣内君の話じゃなくなっている。完全にザ・パンチの話に変わってる！

ここまで読んで頂いた皆さん申し訳ございません。陣内君の話は改めて書かせてもらいます。とりあえず私が書きたかったことは、「陣内君、結婚&出産おめでとう！　今度こそ幸せになって！」ってことです。

最近こんなことしてます。　陣内智則

東野さんにも参加して頂いた、サプライズパーティーから約2年となります。

あの時と現在の僕の違いは……娘が産まれました！　そして娘は1歳になりました。最近はパパと何となく言えるようになってきました。

僕にも守るべき家族が出来ました。東野さん、僕にも家族が出来たんです！　もう二度と過ちを犯さないように待ち受けは娘にしています。

サプライズパーティーの時と現在の吉本の違いは……入江くんをはじめ、パーティーに来てくれた後輩の半分が謹慎になりました。入江くんは辞めてしまいました。

でも僕は、彼らへの感謝は忘れません。吉本も家族です。これからも吉本興業をよろしくお願いします！

のしあがる男、カラテカ入江

捨てる神あれば拾う神あり。笑いの神に捨てられて、ビジネスの神に拾われた男……それがカラテカの入江慎也君です。

高校時代からどうしてもお笑い芸人になりたかった入江君。「さまぁ～ず」が改名する前、「バカルディ」時代の名作コント「美容室」を文化祭で披露したくて、三村マサカズ君役をやってくれる同級生を探しまくっていたが断られ続けてしまい、結果、あまりお笑いには向いていなさそうな同じ友人グループの矢部太郎君に声をかけました。小柄でガリガリに痩せている見た目を裏切らない気弱な性格の矢部君は、断りきれず承諾してくれて……。それがカラテカの始まりでした。

カラテカというコンビ名を聞いても「誰それ？」という方もいるでしょう。それも当然です。彼らは「カラテカ」としてブレイクしてはいないから。でも、不思議な運と笑いとは全く別の実力で、この芸能界を20年も生き残っています。

入江君は芸人では売れていませんが、副業でやっている経営コンサルタント業や企業への講演活動で忙しい日々を送っています。

「もう経営コンサルタントの社長でええんちゃう？」

入江君に会うたび、私がする質問です。

「いえ。芸人です。芸人で売れたいです」

彼は必ずこう答えます。

相方の矢部君はといえば、同じく芸人では売れていないが『大家さんと僕』という漫画を描いて大ヒット。手塚治虫文化賞の短編賞まで受賞しました。

「もう立派な漫画家やな。先生やん？」

矢部君に言うと、「いえ。芸人です。芸人で売れたいです」とは一切答えず、ただモジモジしてジーパンの上からチンコを触ります。

ぐいぐいと前へ出て「売れたい！」とがむしゃらな入江君と、オドオドモジモジな矢部君。その構図はコンビを組む前から始まっていました。二人が文化祭で披露したコントは大ウケ（当たり前です、バカルディのネタですから）、入江君はお笑い芸人への道を、ますますまっしぐらに突き進むことになります。

高校卒業後も芸人になるチャンスをうかがっていた入江君。「天才・たけしの元気が出るテレビ!!」でビートたけしさんが素人を発掘するオーディション企画への参加が認められると、

「たけしさんに会える！　たけしさんに認められたら『元気』のレギュラー!?　たけし軍団に入るの!?」

期待と不安の中、学校の先生になるために大学で勉強していた矢部君をなんとか口説き、オーディションに行きました。

やる気満々でたけしさんの前に出てコントを披露していると、たけしさんがクスクス笑っているではありませんか。入江君は心の中で「やった～‼」と天にも昇る気持ちでした。しかし少しすると、コントの中のボケでもないところでクスクスと笑っていることに気がつきます。何で笑われているのか分からず不安になりながらも、コントをやりきりました。

終わるとすぐ、たけしさんが笑っていた理由がわかりました。入江君ではなく矢部君を見て笑っていたのでした。早速たけしさんが、

「なんだお前！　ちっちゃくてガリガリで丸坊主で。北朝鮮から逃げてきたのか！」

このツッコミで一同爆笑。突っ込まれた矢部君は焦ってジーパンの上からチンコを触ってしまいます。

「ポコチンを触るんじゃない！」「なんだお前！　面白すぎるだろ！　コントの中身が入ってこないよ！」

たけしさんのツッコミでその場は大爆笑。笑っていないのは、モジモジしている矢部君と入江君だけ。学生時代からの友人の矢部君を面白いと思ったことは正直一度もなかった入江君にとって、たけしさんのこの反応は衝撃でした。

「矢部って面白いんだ！」

その後、吉本興業が若手のために運営していた「渋谷公園通り劇場」のイベント「渋谷新人計画」に二人でネタを作って出場します。

そのイベントでは、お笑い芸人を目指す様々な人達がお客さんの前でネタを披露します。カラテカも緊張しながらもネタを披露しました。可もなく不可もなく……そんなネタでした。手応えのない中、司会のガレッジセールが近づいてきて、

「君ガリガリだね〜。メチャクチャ面白いよねー」

ゴリ君がオドオドしている矢部君にツッコみました。二人のネタの何倍もの笑い声が劇場に響き渡ると、それにびっくりしたのか矢部君、やっぱりジーパンの上からチンコを触ります。

「ちょっと何チンコ触ってんの⁉ 神聖な舞台でイヤラシイこと考えるのやめて！」

ゴリ君が更にツッコみます。劇場がもっと大きな笑い声に包まれました。またもやその場で笑ってないのは、モジモジしている矢部君と入江君だけです。プロの芸人さんの手にかかると、相方の矢部君でみんなが爆笑するのか……。

その後、カラテカとしてデビューしコントをするものの、結局一番ウケるのは、入江君のボケではなく、ツッコミの矢部君がみんなからイジられている時。入江君としては複雑な気持ちです。しかも、イジられ役の矢部君は色んな現場からお声がかかるようになります。ついには、当時の大人気番組「進ぬ！電波少年」のレギュラーになりました。

そこではスワヒリ語、モンゴル語、韓国語、コイサン語を覚えて一躍お茶の間の人気者

になりました。さらに中国語を学習、気象予報士の資格も取得。矢部君の仕事は本当に順調でした。

一方、入江君はピンでの仕事がありません。「相方の矢部は先輩にイジられて忙しくしている。じゃあ俺には何が出来るか?」考えに考え抜いて出た結論は「先輩方に顔と名前を覚えてもらおう」でした。

それからは先輩の引越しや食事会などに率先して参加するようになりました。イヤラシイ話、それで仕事に繋げようと頑張りました。「とにかくテレビに出演したい! レギュラーが欲しい!」と必死でした。

ここからが入江君の真骨頂。2、3年後には「引越しするなら入江やろ。安くて丁寧な仕事するで」「食事するなら入江やろ。美味しい店メチャクチャ知ってるで」「女の子の知り合いも多いからコンパもしてくれるで」。噂が噂を呼び、先輩に呼ばれる回数が増えていきます。

まずは顔と名前を覚えてもらう。そして「テレビに出る」ために先輩達とコンパする。女の子がいなかったらナンパする。一生懸命ナンパする。何度も言いますが、全ては「テレビに出る」ためです。「ネタを考える力は他の芸人さんに負ける」入江君にとって、ナンパは「誰にも負けない武器」になっていきました。

断られても断られても、ひたすらナンパする。アドレスをゲットしたらストックして機会があればコンパする。そんな日々が続くと「入江のコンパって凄いな」「え、女の子をナンパして見つけてくるの？」」。次第に先輩達からの賛辞が集まり出します。

気がつけばナンパで声掛けした人数が2万人を超えていました（その中には先輩芸人の奥さんもいたとか）。

結果、「ナンパ王・入江」というキャッチフレーズで念願のテレビに出演（もちろん賛否はありました）。そして気がつけば、コンパの累計回数が3千回を超えていました。そのコンパを盛り上げるために数々の技を編み出しました。それが噂になり出版されたのが『カラテカ・入江のコンパライフ　女子もう帰っちゃうの？』と『カラテカ入江の合コン用語辞典』です（もちろん賛否はあります）。

「先輩と繋がりを持ちテレビに出る」ためにそんな生活を続けていたら、気がつけば友達が5千人になっていました。社長から横綱、マサイ族（マサイの嫁になった女性が入江君の友達）と多岐にわたる人脈。加藤茶さんの結婚式には新婦の弟の友達として参列しました。弟さんと入江君は飲み友達だそうです。

他にも女子サッカーのレジェンド・澤穂希《ほまれ》さんとも友達で、女子W杯で優勝した澤さんが「笑っていいとも！」に出演した際、「（次のゲストとして紹介したい）友達はカラテカの入江さんです」と言って、タモリさんを爆笑させました。そのおかげか、芸人の憧れの番組「笑っていいとも！」にレギュラーコーナーを持つまでになりました。

そんな交流が『後輩力』『使える！　人脈力』などの出版に繋がります。友達5千人の中には「社長さん」も多く、彼らとの会食が年に500回もあるそうです。食事会ではなく会食です。

またもや気がつけば「LINEの友だち登録5千件」「約1万人の人脈」など業界を問わない広い交友関係を持つ「人脈芸人」といわれるようになりました。

ナンパ芸人からコンパ芸人へ。コンパ芸人から人脈芸人へ。確実に番付が上がっています。そして当然のように本を出版します。『社長が落ちる接待力』『夢をかなえる営業力』『入江式のしあがる力』。もう芸人のカケラもないタイトルが並んでますねぇ。

また講演依頼も多く、「WBC」をキーワードにお話をしているそうです。Wは笑う——何を言っても笑う。Bはビックリ——何でもリアクションをとる。Cはチェック——気配りをする。相手を笑わそうという気持ちがなく常に受け身というのが私などには気になりますが、この考えが社会人には必要なのでしょう。

そうこうしているうちに、ついに入江君は起業します。「イリエコネクション」というコンサルティング会社です（商品PRのために起用すべき芸人さんや方法を企業にアドバイス。契約が成立した際にはギャラの数パーセントを紹介料として受け取る）。順調に成長し、現在は1億円以上の稼ぎを計上しています。

テレビに出たくて色々と頑張った結果、よくわからないが凄いことになっている入江君。努力は必ず報われる。ただ、想い描いた世界じゃなかっただけの話。

「もう本業は社長でえぇやん？」と私が聞いても、「いえ。芸人です。これはあくまで副業です」と真面目に答えます。
「テレビのレギュラー番組もらえるのと副業で儲けるのどっちが良い?」と聞けば「テレビのレギュラー欲しいです!」と即答。
「いっそもっと儲けて自分がメインスポンサーになって、自分の冠番組作ったら」と聞けば「そうですねぇ……」と、まんざらでもない顔でした。

最近こんなことしてます。 入江慎也(カラテカ)

吉本から契約を解消された後、現在は清掃のバイトをしています。エアコン清掃や、ハウスクリーニングです。バイトの面接に行きまして、基本的には毎日7時半に起き、出勤している感じになります。2カ月ちょっと経ち、少しずつ仕事も覚えてきましたので、いま、独立を視野に入れて動いております。

あとは空いている時間にボランティア活動の方をさせていただいております。

イリエコネクションの会社は取締役、社員、全員いなくなりました。僕だけですが、以前からやらせていただいていたコンサル業務やPR関係を継続でやらせていただいております。

破天荒風芸人、ノブコブ吉村

あまり人には知られたくないですが、平成ノブシコブシの吉村崇君が面白いと思うのです。特に、テレビに出演している時の吉村君が大好きです。なぜなんだろう？　なぜ人にはあまり知られたくないのだろう？

平成ノブシコブシというコンビの吉村君。相方は徳井健太君。同期の芸人はキングコング、ピース、南海キャンディーズ山里君、ＮＯＮ　ＳＴＹＬＥなどで、豊作の世代です。

元々はコブシトザンギというコンビ名でした。しかし画数を調べてもらったら凶ということがわかりました。急遽コンビ名を変更し、平成ノブシコブシに。幸先の良くないスタートでした。

これが原因かわかりませんが、平成ノブシコブシはお笑いの賞レースで結果を残すことが一度もできませんでした。ネタで頑張ることを早々に諦めた吉村君。同期の優秀なお笑い芸人と戦う武器がない。そんなとき生み出したのが「脇鳴らし」でした。「幸せなら手をたたこう」のリズムに乗って脇の下を鳴らす。簡単な話、ただの余興芸ですね。

しかし吉村君はすごかったんです。テレビに上半身裸で登場し2分ぐらい脇を鳴らす、というアホらしい妙技で爆笑をかっさらっていきました。一時、この脇鳴らしでテレビに出まくり、営業や学園祭にもたくさん呼ばれ、小銭を稼ぎました。でも当然のことながら、何度も何度も脇を鳴らすと次第に笑いは減り、飽きられていきました。そしてテレビへの露出も減っていきました。

普通の芸人ならそのまま落ち込んでいくのですが、吉村君はギリギリのところで踏みとどまりました。「ピカルの定理」という人気番組に出演できたからです。そこでピースの綾部祐二君と演じたBLコント「ビバリとルイ」のキャラがブレイクします。その番組は他にも、渡辺直美ちゃんの学園ドラマコント「白鳥美麗物語」など人気コントキャラクターをたくさん生み出し3年間続きましたが、終了。

今度こそ、仕事がなくなり落ち込むかなぁ～と思って見ていたら、予想もしなかった「破天荒キャラ」でブレイクしたのです。脇鳴らし↓BLコント↓破天荒キャラ。3度目の変身です。

どんなキャラかって？　中身はとても単純です。吉村君は自分の給料以上の贅沢な品々を買うことで話題を作り、どんどんテレビに出ていったのです。ノブコブでもう一度ネタを作ってライブからまた頑張ろう！　という気持ちは、清々しいほど全くありません。

「どれだけテレビに出たいんだ！」「そこまでしてテレビに出たいもんなのか⁉」

たとえば高級時計を買うドッキリ企画でも、番組を盛り上げるために期待以上に大きな買い物をします。自身の時計以外に、相方の徳井夫妻の分と芸人仲間の渡辺直美ちゃんの分も購入。合計金額は253万円でした。

競馬の企画でも手堅い馬券を買うのではなく、常に大穴を狙います。結果、万馬券を的中させました。なんと、665万円を手に入れたのです。でもそこは破天荒ですから、それで満足せず、そこから100万円を投資に使ったといいます。競馬で得たあぶく銭をさらに増やそうと欲を出し、結果、水の泡になったそうですが。

吉本の若手芸人の間に「給料以上の高い家賃の家に住めば仕事が増える」というジンクスがあります。吉村君ももちろん、それに従って、新宿の高級マンションに引っ越しました。オシャレな1LDKで、家賃はなんと50万円。破天荒ですねぇ〜。

部屋には60万円のカッシーナのテーブル、20万円の革張りソファ、75万円の65型テレビ、そして弾きもしないのになぜかグランドピアノまで買いました。

その結果……なんと仕事も給料も増えたのです！

背伸びした部屋には様々なテレビ番組のロケが来ました。「お前アホか⁉」「給料ナンボや！　貯金せぇ！」。身の丈に合わな過ぎる生活をする吉村君に密着するロケの依頼が殺到しました。

でもいくらロケの仕事が殺到しても、吉村君の懐事情は常にギリギリ。アクシデントが起きてテレビに出られなくなったら、ローンが返せず自己破産してもおかしくない状態でした。

それにもかかわらず、吉村君はさらに自分を追い込みます。自動車教習所に通っていることを極楽とんぼの加藤浩次君に話すと、「おめ〜、スターなんだからよ。スターが乗る車はこれだろ！」と薦められたのがＢＭＷのｉ８という車でした。お値段２千万円。超大物芸能人しか乗ってはいけない車を、ぺーぺーの若手、しかも運転初心者の吉村君が借金してまで購入。２千万の車の前と後ろには、しっかり初心者マークが貼られています。馬鹿天狗ですね。

もちろん番組に出演する時は、その車を出演者やお客さんに見せて驚かせます。助手席にメインＭＣを乗せて走る時は超安全運転、「ゆっくり走りすぎだろ！　２千万の車が泣いてるよ！」と突っ込まれ笑いをとりにいくわけですが、派手な生活の内情は火の車。詐欺師に夢を語られているようです。もう破れかぶれです。

「この車で地方にも営業に行くんですが、小学生が集まって来てすごい盛り上がるんですよ。でもその後10分のネタをすると、そこそこスベるんです。それで２千万のスーパーカーに乗って帰る……もう俺、気が狂ってますよ！」と本人が嬉しそうに語っていました。

フジテレビ系の27時間テレビ、深夜のコーナーで吉村君のこの愛車がネタにされた企画がありました。昔、この前身の番組でさんまさんの愛車をたけしさんがボコボコにして日本中が大爆笑したのを再現したかったのですが、お笑いレジェンドとの実力差がありすぎて笑いにならず、自らの高級車を芸人仲間と共にただただ破壊するという地獄絵図に。視聴者からは非難ごうごう、もう炎上騒ぎどころじゃありませんでした。しかし本人はいたってポジティブ。「めちゃくちゃスベってめちゃくちゃ叱られましたよ！」どこか他人事です。

さらに恋愛エピソードでも破天荒です。かつてある週刊誌に、吉村君が後輩芸人の渡辺直美ちゃんと彼女のマンションに二人でしけ込む様子を撮られ、「肉弾の一夜」というタイトルで報じられました。本人たちは「仲のよい先輩後輩」としてお茶を濁していますが、本当のところはどうなんでしょう？

吉村君は「彼女を、渡辺直美を、女性として見たことは1ミリもないです！　妹でもない！　あえて言うなら大型犬！」と完全に否定していました。しかしその後、二人は一度だけ肉体関係を結ぼうと行為に及んだことがあったそうです（それを公に言うのもスゴイですが）。

吉村君の部屋で二人きりになった時、「どうせ噂になっているのだから、1回試しにやってみようか」と吉村君から提案したそうです。

直美ちゃん曰く、「吉村さんがコショコショしてきたけど、お互いに顔を見合わせて止まってしまった」とか。吉村君によると、「直美を下から見たら（関取の）逸ノ城みたいで笑っちゃって、できなかった。あの姿を見て直美を抱ける男はなかなかいない」そうですが、どこまでが真実なのでしょうか？

私がMCをしているAmazonプライム・ビデオの「今田×東野のカリギュラ」という番組にも、吉村君はよく出てくれています。地上波ではなかなかできない企画――全身に火をつけて火の鳥になり空を飛んでくれたり、肛門にバイブを入れて無理難題に応えてくれたりと、どんな企画にも決してNOと言いません。

そんな破天荒キャラで、吉村君の仕事は好調。どんなに場がシラケても前に出て、番組の企画をどうにか成立させようと頑張る吉村君。自分がスベろうがお構いなく番組を盛り上げてくれるので、スタッフからすると本当に頼りになるタレントの一人です。

でも不思議なことに、吉村君は色んな芸人さんと揉めてもいるんです。

「(FUJIWARAの)藤本さんと吉村ってどっちが給料多いんですかね?」と有吉弘行君がからかい気味に質問してきたので、フジモン(藤本)が「いや〜、まだ俺の方が多いんちゃうか〜?」と返すも、吉村君はココが笑わせどころだと勘違い。「いや俺ですよ! 完全に超えてますよ、藤本さんなんて! 藤本さんは吉本制作の番組しか出てないでしょ!」と言い切ったのです。

さすがにこれにはフジモンが「何がおもろいねん。調子乗んなよ!」と吉村君のアゴを強めに摑みブチギレました。そのキレ方が余程怖かったのか、以来吉村君は、大したことないフジモンのボケにも、常に手を叩いて大爆笑するようになりました。

ハライチの岩井勇気君からは「正直あなたがキライです」と言われ(後輩なのに!)、ピースの綾部祐二君は「同期だけど年齢も僕が3つ上ということで、昔から僕を『ゆうさん、ゆうさん』と呼んで慕ってくれてました。ただ、数年後僕らピースが先にテレビに出るようになったくらいから、なぜか突然僕を『綾部！　綾部！』と呼ぶようになり、ことあるごとに食ってかかってくるようになりました。とても悲しいです」と言っていました。

そんな吉村君、相方との関係もイマイチです。相方の徳井健太君は、コンビを結成して1年目に吉村君から真顔で言われた言葉が今でも忘れられないそうです。

「俺が二人いたらいいのにな」「お前の大喜利、面白いと思ってるヤツ誰もいねぇぞ」「お前さ、ツッコミもボケもトークもできないんだったら何できんの？」

徳井君は「いまだに吉村への復讐の炎が消えません。それが私の生きがいでした。だから解散しなかったんです。相方に感謝です」と語っていました。ここまで相方を嫌うのって、相当な憎しみです。彼もまた、どこか狂っています。

「えっ!?　結局、吉村君のこと好きなの私だけ？　みんなあんまり好きじゃないの？」

そんな疑問が湧いてきます。

恥ずかしながら、かく言う私も元々は、破天荒な芸風で仕事をしていました。似た者同士の吉村君が、実はとても大好きなのです。人にはあまり知られたくはないのですが。

最近こんなことしてます。　吉村崇（平成ノブシコブシ）

未だにNG無しのズルズル芸人として生きております。

それを貫いていましたら、品の良い番組やイベント、CM、ちょっとしたMCの仕事なんかもちょこちょこ入ってまいりました。極楽っていうのは地獄の先の先にあるんだなと実感しております。ただその反動で尿管結石になりまして……日々悶絶、激痛これらと共に生活しております。

でも幸せです。

ブレイク前夜芸人、中山功太

この本によく登場する大阪NSC花の22期生。キングコングを筆頭にNON STYLE、南海キャンディーズ山里君、とろサーモン久保田君、ダイアン、なかやまきんに君らがいて、東京ではピース、平成ノブシコブシなど面白い芸人さんがひしめき合う豊作の年です。

ダイアンのユースケ君に「同期で誰が一番面白かったの？」と聞いたことがあります。彼は「中山功太が群を抜いて面白かったです」と即答、「今でも功太は面白いですけど」と付け加えもしました。

中山功太君といえば、ピン芸人№1を決めるR－1ぐらんぷりの、2009年のチャンピオン。その前後の時期には、「エンタの神様」という大人気ネタ番組にも何度も出演していました。さらに関西ローカルですが、15年には「歌ネタ王決定戦」でCOWCOWと共に同点で優勝。華々しい経歴の持ち主です。でもここしばらく、テレビなどに出演する機会がすっかりなくなってしまいました。

ただひとつ言えるのが、「中山功太君は全てがうまくいってない」ということ。なぜなんだろう？

花の22期生の中でも一番面白いと言われていた中山功太君が世間に全く評価されず、もがき苦しんでいる。私も中山君のネタを何本か見たことがありますが、ここまで売れない芸人では決してないと思います。

いつどうして、「人気者列車」に乗車するはずが乗車できず、線路脇をトボトボと遥か遠く離れた駅に向かって歩くことになったのか？　そして次に来る人気者列車に飛び乗ることはできるのか……？

読者の皆さんがほぼご存知ないだろう中山君の人生を振り返ると、デビュー当時は実家が金持ちというネタで関西を中心にテレビに呼ばれるようになりました。

「子供の頃は超お金持ち、実家の間取りは27ＬＤＫＫＫ＋トイレ４つ＋お風呂２つ。さらに自分用のメディアルームがあり、車はベンツなど４台所有という規格外の家に住んでました！」

「５歳の時に誘拐されました。『名探偵コナン』に出てくる犯人のような黒ずくめの男に、耳元で『ゴメンな』と言われながら抱きかかえられ連れ去られかけました。今でもその時のことはハッキリと覚えてます！」

びっくりの連続です。

私もその話を番組で聞いてかなり驚き、そして笑いました。芸人としてはどんな不幸話でも結果的にみんなが笑ってくれたらそれだけで嬉しいもの。もちろん金持ち漫談だけでなく、ピンネタをすれば、それでもみんなが笑ってくれる。中山君の芸人人生の初めは順風満帆で、NHKの夕方の帯番組の司会をするなど、芸人としての誇りと自信に満ち溢れていました。

そんなタイミングで、R－1ぐらんぷりに優勝。すぐに東京に進出してお笑い芸人としてバリバリ仕事をやりたかったのですが、中山君は行きませんでした。いや、行けなかったのです。

実際に東京のお笑い番組から数々のオファーがありましたが、大阪のレギュラー番組の仕事があり「行きたいけど行けない」状態が続きました。今思えば、その頃は焦りなどそれほどなかったのでしょう。なぜなら、当時の最高月収がR－1の優勝賞金含めて600万円以上あったからです。

そしておよそ2年後、大阪のレギュラー番組を整理してようやく東京に進出。しかし残念ながら時すでに遅し、「R－1チャンピオンの中山功太君と仕事がしたい」というスタッフはいなくなっていました。残酷ですが、2年落ちのチャンピオンには用がありませんでした。

完全にタイミングを逃してしまったのです。でも、その頃の中山君はそんな状況でも全然腐っていませんでした。

「チャンピオンになってから2年も経っているし、まぁそんなもんやろ」「おもろいネタ出来たら仕事もいっぱい入ってくるやろ」と、とにかく前向き。むしろ、「R－1チャンピオンの中山功太です。東京進出しましたが、週5日バイトしてます」と自虐ネタにして笑いを取っていました。歌舞伎町でホストのアルバイトもしました（中山功太本人注／ホストではなく、サパークラブの店員でして、キャバクラのアフターで来た男のお客さんのご機嫌を取ったり、代わりにお酒を飲んだり、軽く殴られてヘラヘラしたりするお仕事でした）。

芸人ですから店の小さなステージでネタを披露することもありましたが、なかなか軌道に乗りません。この頃からテレビを観ていて苛立つことが増えてきました。チャンネルを替えるたびにグルメ情報番組ばかりで、自分が好きだったお笑い番組がどんどん減ってきている。同世代のお笑い芸人達が「このハンバーグめちゃくちゃ美味しいです！　口の中に入れた瞬間お肉が溶けました！　何ですかこれは！」と大げさにびっくりしている。誰も面白いことを言っていない。いや言おうとしていない。というか極力ボケないようにしている……。

一部の先輩芸人を除いて、ボケたりツッコんだりの「お笑い」はもうテレビではできないのか⁉　家賃20万円のマンションに住んでいましたが家賃が払えず、上京からわずか9カ月で家賃の安い部屋に引っ越し、なぜか頭を金髪に染めました。さあ、無間地獄の始まりです。

極力家にいる。ストレスで食べる。動かない。太る。寝る。床ずれする。ドラえもんのように愛嬌のある体型だが目つきは異様に鋭くなる。右を向いて寝転がる。左目から涙が垂れてくる。それを右目に入れて左に寝返りを打つ。右目から涙を垂らして左目に入れる。そしてまた右に寝返りを……繰り返しやり続けました。

芸人としての給料はついに1万になる（本人注／最終的に23円になりました）。「ひっきりなしに苦難に苛まれる」無間地獄の中、何を思ったのか、「負ければ芸人引退」というとんでもないライブを企画。尊敬する先輩芸人・麒麟の川島明君と大喜利で対決をして、お客さんの投票で負ければ芸人を引退するというものです。なぜいきなり芸人を引退するのか？　謎すぎます。ヤバイ感じしかしません。川島君は自身に全くプラスがないこのイベントによく出てくれました（本人注／川島さんにはこの件で多大なるご迷惑をおかけしました。飲みの場で「負けたら芸人をやめろ」とおっしゃったのは川島さんですが、そうなるまで喧嘩を売ったのは完全に僕でした。どうかしていました）。

案の定、結果は27票対23票で中山君が負け、約束通り芸人を引退すると宣言しました。その後会社と話し合った結果、芸人ではなくタレント「コウタ・シャイニング」として再スタートすることに。「俺がやりたい仕事はあくまでお笑い芸人なんだよ！」という（面倒くさい）こだわりがビンビン伝わってくる、コウタ・シャイニングの改名騒動でした。

コウタ・シャイニングこと中山君はいちいち面倒臭い男で、ブログやツイッターを普通に始められません。

「酒焼けした声でやたらツッコんでくるキャバ嬢ぐらい嫌いやったブログを再開する」

「全身同じ服で手を繋いで歩くゴスロリファッションの二人組ぐらい嫌いなツイッター

を始める」

　ねぇ、面倒くさいでしょう？　私が中山君の親だったら「功太、もう気が済んだか⁉　芸人は諦めて真面目に働け！」と言うでしょう。それが普通の親です。ところが中山君の親は違いました。なんと中山君のお母さんはお笑い芸人になるために大阪ＮＳＣに入学したのです。同期は８・６秒バズーカーで、芸名はアケミ・シャイニング。モモレンジャーの格好をして「モモレンジャーのその後」というピンネタで勝負しています。そして中山君のことを「功太」と呼ばず、「兄さん」と呼んでいるとか……。

　これはどう考えても時間も重量も光もない無間地獄の最果ての地、「漆黒」に到達したことの証だと思われます。実は中山家、かつての栄光から一転、お父さんの会社は倒産。お母さんはアルバイトを３つ掛け持ちしながら生活を支え続け、そんな人生に少し疲れたためか、「ここではないどこか」を求めて芸人になる決意をしたそうです。

　すぐに、「このオカンは面白い！」と業界でも話題となり、人気深夜番組「アウト×デラックス」にお母さんが出演することになりました。息子のコウタ・シャイニングは付き添いです。収録では、自分のことよりも母として「息子はどうやったら売れるか？」という相談をしたというから泣けてくるのですが、その質問に対して番組レギュラーで中山君の同期、南海キャンディーズの山里亮太君が「才能は一番だけど、人間性が悪い！」と言い放ちました。あの「人間性が悪いで有名」な山里君に言われてしまうとは……中山君、きみは面白いんじゃないのか？　どこでボタンの掛け違いがあったん

ますか？

いや、あのとき売れないと思わせてたのに、ナスカか？ そんなぁ、あのとき俺が人気者にならなかったのは、ネタが悪かっただけだ!? ズボンを穿き間違えたのか？ それとも最初からズボンを穿いてなかったのか？

中山功太君、お笑い界もテレビ界もあなたの周りも、ゆっくりだけど確実に動いています。そろそろ出番じゃないですか？

悪い話ばかりではありません。私には吉報も届いています。最近中山君は、加齢から髪の毛が薄くなり、それに伴い考え方も少し穏やかになっているみたいです。そして芸名をコウタ・シャイニングから中山功太に戻しました。何よりホッとしました。

お笑い界で言われている言葉があります。

「面白い芸人はいくら時間がかかっても絶対に売れる」

実際、同期のとろサーモンがM－1グランプリで優勝しました。中山君より確実にクズと言われているあのとろサーモン久保田かずのぶ君が、それ以来テレビに出ています。そして憎まれ口を叩いては、炎上しています（今は猛省中です）。歪んだ顔で美味しそうなハンバーグをクチャクチャ食べる久保田君、案の定スタッフからの評判もあまりよくはありません。それでも面白いから仕事が来ます。

中山功太君、とにかく早く売れて下さい。なぜならあなたの後ろには2013年R－1チャンピオンの三浦マイルド君がスタンバイしていますから。あなたが売れないと彼の順番がきません。彼はあなたより重症です。早く人気者になって下さいね。

最近こんなことしてます。

中山功太

（2019年7月に放送された）「しくじり先生」に出演した後、たくさんの反響をいただき、放送の2カ月後に再出演が決まって収録日も2日おさえられてましたが、吉本の闇営業問題があり、バラシになりました。企画会議にお偉いさんが入って来られて、「吉本さんのゲストは一旦バラシで」とおっしゃったそうです。プロデューサーさんもディレクターさんも、本当にお気遣い下さいましたが、マネージャーだけは「功太さんが企画に合わなかったみたいです」と、凄い嘘をついていました。

それから、私事ですが、松竹の芸人さんに名前をあげてもらい、「OKOWA」という怪談の大会に予選から出場することとなり、何と優勝する事が出来ました。初代王者である京都の三木大雲和尚に続き、二代目王者。吉本から賞金が振り込まれる予定でしたが、まだ入っておりません。家系に霊媒体質が多く、10年間、心霊怪談を封印していたのですが、舞台で話をする様になり、お酒を飲まずに嘔吐する、1週間毎日金縛りに合う、見えすぎて怖くない程の幽霊を見る、などの霊障が出る様になりました。せっかく怪談のお仕事が増えた矢先ですが、また封印したいです。

また、海原やすよ ともこさんの特番（読売テレビ）の再現VTRに、母親のアケミ・シャイニングと親子役で出させていただきました。アケミは元々エキストラ志望だったので、凄く喜んでいました。たまに年上の態度を取る瞬間があったため、スタッフさんへの礼儀として厳しく叱責いたしました。ですが、セリフや動きなど台本が頭に入っており、ちゃんと準備してきたんだなと、そこは評価出来ました。

「プールサイド走RUNズ」というアマチュアバンドのボーカルとして、ライブに出演いたしました。39歳で、夢だったバンドを組む事ができました。クラシックなパンクロックでメッセージはゼロ、というコンセプトで、先輩の漫才師、ヘッドライトさんと、後輩のピン芸人、佐川ピン芸人と4人で活動しています。音痴ですが楽しいので、長く活動していきたいです。

長々と申し訳ありません。今、公私ともに物凄く充実しています。東野さんや他の先輩、同期、後輩たちも、気にかけて下さったり、ライブに呼んで下さったりしています。感謝と、必ずすべく恩返しの気持ちを忘れず、日々、精進致します。

ダークサイドからは完全に抜け出しました！　本当にありがとうございます！

元気が出る男、トミーズ健

奇人変人だらけの吉本芸人の中でも、特に信じられないエピソードの持ち主がトミーズの健さんです。私の大好きな先輩です。

1959年生まれの60歳。相方の雅さんと幼稚園からの幼馴染。大阪市の生野区出身でダウンタウン、ハイヒールさんと同期で、華のNSC1期生です。

健さんは漫才ではツッコミ役ですが、テレビ出演の時は完全にボケ役（不思議なものでコンビのボケの人は普段はツッコミで、ツッコミの人は普段はボケということが多く、その典型が健ちゃん）。先輩からは「健」と呼ばれ、我々後輩からは「健ちゃん」と親しみを込めて呼ばれる愛されキャラ。先輩後輩みんなからイジられています。

健ちゃんが一人でテレビに出る時、いつも使うギャグがいくつかあって、「キンコンカンコン健ちゃ〜ん！」「う〜ん、健ちゃんパウダー、おもろなくなれー」。どちらも爆笑を取っているのはあまり見たことがありません。でも、なぜだかみんな嬉しくなります。スタジオのみんながニヤニヤしています。愛されていますねぇ。西のトミーズ健ちゃん、東のダチョウ倶楽部上島さんといえば、わかりやすいでしょうか。

健ちゃんは決して裕福とはいえない長屋育ち。お父さんは工場で、お母さんは水商売で働く共働き夫婦でした。2人兄弟の長男でしたが、中学生の時にお父さんからいきなり「一番下に弟がまだいてる」と言われ、途中から3人兄弟になりました（末っ子を養える経済力が当時ご両親になく、施設に預けていたそうです）。

そんな貧しい境遇で育った健ちゃんの貧乏話は特別面白くて、申し訳ないけれど、私はいつも腹を抱えて笑い、元気をもらっています。悲しい話もなぜか健ちゃんが話すと笑えるのです。これは一種の才能です。

例えば「中1まで家の前で行水」話。何度も言って申し訳ないですが、健ちゃんの実家は貧しい長屋でしたから、当たり前のように家にお風呂がない。毎日の銭湯代がもったいないので、子供達は家の前で行水をして体を洗っていたそうです。

行水……とは、桶や盥《たらい》にお湯や水を溜めて、それを浴びて体を洗うことです。ドラマや映画で見たことのある方もいると思いますが、健ちゃんの家もまさにそれでした。まぁ、3、4歳の頃ならまだいいです。近所のオッチャンオバチャンが、「何や、健ちゃん行水してんのんか。エエなぁオバチャンも入りたいわ」「オバチャンも入ったらエエやん」「何言ってんの、オバチャン裸で入ったらみんな逃げ出すで」「そやな〜！」

そんな会話が飛び交っていたでしょう。微笑ましい話ですが、この行水は健ちゃんが13歳になるまで続きました。思春期になり、体も少年から青年に変化する、そんな年頃の行水。チンチンの毛が生えてくる頃でもあります。

そんな繊細な時期、近所に住む同級生の女子が、銭湯に行くのにどうしても健ちゃんの家の前を毎日通らなければならなかったから、さあ大変。いつもそこにはクラスメートの男子がスッポンポンで、盥の中に入り体を洗っているのです。もちろん、健ちゃんも健ちゃんで辛い。

結果、女子は出来るだけ道の反対側を下を向いて歩き、健ちゃんは女子に気がついてないフリをして、なおかつ白のブリーフを穿いて体を洗うようになったそうです。白ブリーフの上からオチンチンを洗い、女子が去ったらブリーフの中のオチンチンを洗う。とても切ない話ですが、私はその話に腹を抱えて笑いました。


健ちゃんのクリスマスプレゼントのエピソードも面白くてたまりません。皆さんは親からのクリスマスプレゼントはどんなものをもらいましたか？　オモチャですか？　洋服ですか？　今から50年前のクリスマスプレゼントはええ加減なものでした。家が特に貧《ち》しかった健ちゃん家のある年のクリスマスの出来事です。

お父さんは朝から工場で働いて夕方にカブに乗って帰ってきます。お母さんは夜の仕事をしていたので家には子供達3人だけ。帰ってきたお父さんを玄関で迎えると、脇に何かを包んだ新聞紙を抱えている。お父さんは靴を脱ぎ家にあがり、居間のちゃぶ台の上におもむろにその「何か」を置きました。

「メリークリスマス！　お前らにクリスマスプレゼントや」

喜ぶ健ちゃん達。「開けてみぃ」との、お父さんの一声が合図になり我先に新聞紙の包みを開けました。そして一瞬、子供達の手が止まりました。そこにあったのは……豚の頭でした。沖縄の市場のお肉屋さんなんかによく並んでいるソレです。ちゃぶ台の上には、豚の頭をまるまるボイルしたものが出現したのです。豚の頭は存在感が違います。

ボイルした鶏のモモ肉に醤油で味付けし、関節のところを銀紙で巻いて我々の時代はよくクリスマスに食べてました。もしかしたら健ちゃんのお父さんにはうっすらその記憶があって、豚の頭をボイルしたのを間違って買ってきたのか？　もしくは、「クリスマスとはご馳走を食べる日」だから、お父さんにとってご馳走といえば豚の頭だったのか？　真相は誰にも分かりません。

「クリスマスプレゼントや！」と嬉しそうに笑うお父さんを前に、「クリスマスは鶏やで。なんで豚の頭なん？」とは誰も言えません。

「ボイルしてるからそのままで食べれるぞ。スプーンで肉はがして食え。美味いぞ！塩ふって食べたらもっと美味いぞ！」

子供達はお父さんの言う通り、台所からスプーンを持ってきて豚の頭の肉をはがして食べたそうです。そしてまたお父さんの言う通り、少し塩をつけるとさらに美味しくなったそうです。健ちゃん達3人は無言で豚の頭を見つめながら、黙々と食べました。

しばらくして改めて豚の頭を見ると……穴ぼこだらけに変わっていました。夜中にお母さんが仕事から帰ってきてビックリ。「ギャア！　ナニコレ！　気持ち悪い！　クリスマスに何買ってきてんの！　豚の頭なんか買ってこんといて！」

お母さんが怒ってくれたおかげで、翌日からは穴ぼこだらけの豚の頭を食べなくてすみました。健ちゃんは嬉しかったそうです。

「捨てるのもったいないから、アンタ全部食べや」

お母さんに言われたお父さんは、次の日から毎日仕事から帰ると冷蔵庫から穴ぼこだらけの豚の頭を出しては温めて、スプーンでお肉をはがして塩をつけて食べました。豚の頭は食べるところがいっぱいあるので、なかなか食べ切ることができません。

毎晩毎晩、温めて食べるうちに豚の頭は徐々に黒くなり、もう最後は豚の頭らしき真っ黒い塊を食べていたそうです。それが健ちゃんのクリスマスの思い出。

「面白いなぁ！　俺にはこんなクリスマスの思い出はない。やっぱり芸人さんってこんな境遇で育ってないとあかんのかなぁ。なんで俺の親父は豚の頭を持って帰ってこうへんねん！」

大笑いしながらも真面目に健ちゃんの家がうらやましかったです。

健ちゃんの弟が工場で働いている時のことです。不注意で中指の先を切断してしまい、完全に指先がなくなってしまいました。

救急車で運ばれて緊急手術です。どんな手術をするかというと……先がなくなった中指をおへその横あたりに突き刺す（！）手術です。1カ月ほどお腹に突き刺して縫いつけておき、皮膚を移植する手術でした。

人間の体というのは不思議なもので、1カ月後にお腹から中指を切り離すとなくなった中指の先が復元できるとかで、ちょうどお腹から中指を切り離した直後にお見舞いに行った健ちゃんは……ビックリ！　中指がご飯をよそう「シャモジ」みたいになっていたそうです（指の先だけものすごく膨らんでいた）。

「あれはビックリしたわ～。中指の先がシャモジやで～、笑ったらあかんけど笑てもうたわ～。中指の先がシャモジで日常生活するんやで～」

健ちゃんからよくよく話を聞けば、切り離した直後はシャモジ状態だけれどだんだん空気が抜けてきて、時間が経つと萎んで小さくなって、指先の形になっていくそうです。しばらくすると、その指先に毛が2、3本生えてきたとか。健ちゃんが、

「えっ！　なんでチョロチョロと指先に毛ぇ生えてんの？」

と聞くと、

「指先の肉がまだ腹の肉と勘違いしてて腹毛のつもりで生えてるねん」

「えっ！　この指先の毛、腹毛!?」

「そう、腹毛やねん。もう少ししたら腹毛が『ここ腹ちゃうやん！　指先やん！　生えたらあかんやん！』って気がついて生えてこうへんようになるそうやで」

嘘のような本当の、本当のような嘘の話です。弟さんには悪いけど、私はまたしても

大笑いしました。

話は変わって、ホノルルマラソンでの健ちゃんの爆笑エピソードです。

観光ランナーが国内外からおよそ3万人は集まるホノルルマラソン。12月のハワイの風物詩です。

健ちゃんは大阪の番組でこのホノルルマラソンに挑戦したことがあります。1992年のことです。

コースはアラモアナ公園からスタートしダウンタウン方面へ。ダウンタウンのクリスマスイルミネーションや、アメリカ合衆国に現存する、唯一の宮殿だった建物イオラニパレス、そしてカメハメハ大王像の前を通過し、ワイキキの街へ。そしてダイヤモンドヘッドから望む美しい海を眺めながら、ハワイカイで折り返してカピオラニ公園でフィニッシュ。全長42・195キロです。

大阪からやってきた多数のテレビカメラが健ちゃんのためにスタンバイしてました。スタート地点でカメラに向かって得意のギャグも披露、余裕の姿を見せています。そして、スタート。

一種のお祭りでもあるホノルルマラソン、号砲とともにおよそ3万人の一般ランナーそれぞれが喜びを表現します。花火も打ち上げられるなか、両手を挙げて叫んだり、笑顔で手を振ったり、片や緊張した面持ちで口を真一文字にして必死で走ったり様々です。

健ちゃんはというと、スタートの号砲と共に自分の靴紐がほどけているのに気がつき身体を屈めました。後ろのランナー達は大混乱です。

当たり前ですが、健ちゃんの後ろのランナーは健ちゃんの上に覆いかぶさり、またその後ろのランナーも覆いかぶさり……止めようにも後ろからどんどんランナーが来るのでもうメチャクチャです。誰がスタート地点でいきなり屈みますか？　危ないに決まっています。自殺行為です！

健ちゃんは案の定、膝を強打しました。助けを呼んでも誰も来てくれません……って当然です。スタート地点ですから。覆いかぶさってしまったランナーたちが気の毒でなりませんが、2万人以上の市民ランナーが健ちゃんの後ろにはいて、その後もたくさんのランナーに覆いかぶさられ、蹴られ踏まれました。

健ちゃんは死ぬ思いで転げ回り、大通りの真ん中から道の端にたどり着きました。そして担架に乗せられ、救急車で地元の病院に運ばれて行きました。診断の結果、膝のお皿が割れていたそうです。もちろんロケも中止。スタートしか撮影できないマラソン企画ってあります？　聞かされた我々は大爆笑でした。

またこんな事もありました。2007年1月、中国での番組ロケ中、「健、観光客の人にケツ出すなや」と相方の雅さんに言われた健ちゃん。その言葉をフリだと思ったのか、観光客に向かってお尻を露出しました。完全に調子に乗っていました。現地のスタッフに注意されたにもかかわらず、その後もロケ中に尻出しを計4回。

それにより地元公安当局から厳重注意を受けました。たちまち中国政府から日本政府に抗議が来たそうです。もう完全に国際問題です。そして、芸人がお尻を4回出した結果、会社からは謹慎処分を受けました。本人は「二度とお尻は出しません」と謝罪しました。

謝罪会見の前に会社からは「絶対に笑うな！　10秒間頭を下げ続けろ！」と怖い顔で言われたそうです。その通りに真面目な顔で謝ったら、知っている記者の数人が笑っていたそうです。

そして当時入院していた嫁の病室に行き謝りましたが、めちゃくちゃ叱られ、嫁が入院しているので台所でお米を研いでいた子供達にも謝ったそうです。

「すまんなぁ。お父ちゃんお尻を4回出して謹慎処分になってん。もうお尻は出さへんからなぁ。学校でいじめられてないか？」

真剣ゆえに余計に滑稽なその姿に私はまた大いに笑い、元気をもらいました。

お忘れかもしれませんが、健ちゃんは漫才師です。吉本の大看板「トミーズ」で、雅さんはもちろん健ちゃんも漫才に命をかけてます。それなのに、若手漫才師が命を削る漫才の祭典「M－1グランプリ」の生放送は、毎年ストリップ劇場のロビーのテレビで観るそうです。なぜなのか？　実は年末恒例、人気ストリップ嬢が集まる「S－1グランプリ」が開かれているからだそうです（S－1のSはストリップのSだと思われます）。

「なかなかの面子《メンツ》が揃ってんねん。そら、M－1よりS－1やろ。でも休憩中はロビーに出て、テレビでM－1観てたで」

全く悪気がありません。それでこそ、健ちゃんです。最強で最高です。これからも私のために面白いエピソードをどんどん作ってください。なにせ私の元気の源ですから。お願いします！　健ちゃん！

最近こんなことしてます。　トミーズ健

年末の人気ストリップ嬢が集まる「S－1グランプリ」。毎回、坂田利夫師匠と一緒に行ってるけど、劇場が3階でエレベーターもなく、師匠はお年で足腰が弱くなってきて、階段が上がれずやむなく諦めました。いくらなんでも一人で行くのはさびしく、恥ずかしく、ここ何年か行ってません。誰か一緒に行く人、募集してます。

チッチキチーな男、大木こだま

だみ声で非常にねちっこい喋りの大木こだまさん。大木こだま・ひびきというコンビで、主に吉本の聖地、なんばグランド花月で面白い漫才をしています。

今回はそんな大木こだまさんの意外と知られていない漫才師としての歩みと、腐らず実直に漫才と向き合ってきたお話です。

こだまさんが全国的にブレイクしたのは2006年頃、「チッチキチー」というギャグがお茶の間に浸透してからだと思います。

そもそも「チッチキチー」が生まれたのは、ある大阪の番組でのことでした。鍋を食べた後、コメントを求められたこだまさんが「美味しい!」「味に深みがある」など普通のコメントをどうしても言いたくない。でもいいコメントが浮かばない。焦るうちに、苦し紛れに出た言葉が「チッチキチー」だったそうですが、共演していたなるみちゃんが一言、「なんやそれ!　何にもおもろないで!」。けちょんけちょんに言われました。

それから数年後、「めちゃ²イケてるッ!」が大阪ロケをしている時こだまさんが出演したことがありました。「今回はいけるかな?」と思ったこだまさんは全国放送で「チッチキチー」と叫びました。するとナインティナインの矢部浩之君は「何を言うてますの?」と前回のなるみちゃんと同じリアクションをしたのです。普通ならそこで諦めます。でも、こだまさんは違いました。誰にもウケないギャグ「チッチキチー」をロケ中3回も繰り返したのでした。あげく、完全に困惑する矢部君に対し「矢部さん、『チッチキチー』だけは東京に持って帰ってな! 頼むわ!」と最後に言い放ちました。

必死の訴えが功を奏したのか、それから3カ月間「めちゃイケ」でナイナイ岡村隆史君が「チッチキチー」をやり続けてくれました。その後こだまさん本人も「めちゃイケ」に再出演すると、「チッチキチー」がブレイクしたのです。

ここで問題が出てきます。こだまさんはしゃべくり漫才師なのでトーク番組に出演しても、喋りはできるが、ギャグを言うのには慣れていませんでした。そんな中での「さんまのまんま」への出演。収録中にギャグを繰り出すことを忘れないよう、マネージャーに右手の親指の腹にマジックで「チ」と書いてもらいました。

さんまさん相手に緊張しながらも喋りで笑いを取っていたら、すっかり「チッチキチー」を忘れてしまったこだまさん。トークが終わりそうな頃に思い出し、慌ててさんまさんに向け右手の親指の腹を見せ言い放ちました。「チッチキチー」。

しかし全然ウケません。というのは、緊張からかマジックで書いた「チ」が汗で流れて、何が書いてあるのか分からなくなっており……こだまさんはただの親指が汚い漫才師でした。

「『チッチキチー』の『チ』をタトゥーで入れるかシールにするか、どっちかにせえ！」

という、さんまさんの見事なフォローによって、その場が救われただけでなく、すぐに「チ」シールは商品化され、結果24万枚売り上げたそうです。

そんなオモシロ師匠こだまさんですが、実はデビューは現在所属している吉本興業ではなく、ケーエープロダクションという小さな事務所でした。そして相方も違っていて、当初は大木こだま・ひかりというコンビで活動していました。1973年、こだまさんが22歳の時です。名前の由来は新幹線の「ひかり」と「こだま」で、日本中に知られるコンビになるようにとこの名前をつけたそうです。デビューはなんとツービートと一緒で、ビートたけしさんと同期です。

こだまさん曰く、「漫才ブームがくるかなり前に、一度、名古屋の大須演芸場で出番が一緒になったんや。舞台終わりで、こだま・ひかりとツービートの4人で近くの小さな焼肉屋に行ったことがある」そう。

「どうでした？」と私が身を乗り出して聞くと、

「きよしさんが『みんなで漫才頑張っていこう！　4人で頑張っていこう！』とやたら言ってて、その横でたけしさんが『ダメだよ！　漫才なんか！　無理だよ！』ってきよしさんの言うことを片っ端から全否定してたで～」

と懐かしそうに話してくれました。私はこだまさんとたけしさんが繋がっていたことに喜びを感じました。

ご存知のように、ツービートは1980年から始まる漫才ブームでスターダムに駆け上がり、たけしさんは現在まで40年近く芸能界でトップをひた走っています。

一方、大木こだま・ひかりは同じ時期、漫才ブームに乗るのではなく、まずは「お笑いスター誕生‼」で10週勝ち抜き、グランプリを獲得します。1981年のことです。

それ以前に「お笑いスター誕生‼」でグランプリを獲得したのは、B&Bとおぼん・こぼんの2組だけで、この2組はその後、漫才ブームでもスターになっていきました。また、後のグランプリにはあの、とんねるずもいます。まさに、「お笑いスター誕生‼」でグランプリを獲ることは、スターへの登竜門でした。

けれど、残念なことにその切符を手にしたにもかかわらず、大木こだま・ひかりはスターにはなれずに、解散してしまうのでした。

しかし、転んでもタダでは起きないのがこだまさんのすごいところ。すぐに新しい相方・ひびきさんを見つけて、もっと面白い漫才で舞台に戻ってきました。

新コンビ、大木こだま・ひびきを結成した直後、今宮戎《えびす》神社こどもえびすマンザイ新人コンクールで優勝するのです（その時の奨励賞は宮川大助・花子さん。ちなみに翌年の優勝は吉本の養成所NSCの1期生である「松本・浜田」、後のダウンタウンさんでした）。

そしてその後、こだまさんが32歳の時にコンビで吉本に入ります。しかも、同じくケーエープロダクション所属で、当時関西で超売れっ子だった女漫才コンビ、海原さおり・しおりのさおりさんと結婚したのです。これは関西ではなかなかのビッグニュースとなりました。

付き合っている当時は10倍以上の収入差があったという二人ですが、仕事がないこだまさんをさおりさんは全く気にしていなかったそうです。外食をした際には机の下からコッソリさおりさんがこだまさんにお金を渡し、こだまさんがお金を払っていたとか。

誰がどう見ても格差婚でしたから周囲は大変心配しましたが、「兄さんはメチャクチャ面白いから大丈夫!」と、さおりさんは本心からそう思っていたそうです。

結婚を吉本の会長に報告すると、「海原さおり・しおりを吉本に入れて、大木こだま・ひびきが前の事務所へ戻ればええやん」と半分冗談で半分本気……ではなく、半分以下の冗談と半分以上の本気の言葉を頂いたそうです。

再スタートは順調でした。1987年に上方漫才大賞でダウンタウンと一緒に奨励賞を受賞。その9年後の1996年には、同賞の大賞も受賞します。

この頃、中田カウス師匠がなんばグランド花月の楽屋前のロビーで、こだまさんにニヤニヤと近づき、「なんや、そろそろ金の匂いがしてきたなぁ」と言いながら、こだまさんの全身を舐め回すように嗅いできたこともあったそうです。不思議とそれから忙しくなりお金も稼ぐようになりました。

その後のこだまさんは絶好調。「往生しまっせ」（ある日、一緒に飲みに行った社長さんの口癖が「往生しまっせ」というもので、その翌日の舞台で相方のひびきさんがネタを忘れたとき、こだまさんが咄嗟に「往生しまっせ」と言うと客席は大ウケ。以来、こだまさんの持ちギャグになった）や、「そんな奴おれへんやろ～」など、大木こだま・ひびきのしゃべくり漫才からキラーワードもたくさん生まれ、関西の売れっ子漫才師になりました。

私生活も充実していたこだまさん。結婚後、2人の子宝に恵まれると、新たな一面が顔を出しました。驚くほどの子煩悩だったのです。

上の娘さんが大学生の頃の話です。嵐の大ファンで特に二宮和也君が大好きな長女の部屋には、二宮君のポスターがたくさん貼ってある。「お父さん大好きやで～！」と言ってくれていたあの頃の可愛らしい娘はもういない、こうなったら娘の好きな二宮君と同じになろう！　と、こだまさんはカットが2万円もする人気美容室で二宮君と同じ髪型をオーダー。その上、二宮君と同じコーディネートの服を購入し、二宮君になりきって娘の前に現れたそうです。「どや、どっから見てもニノやろ～」と、あのねちっこい声でささやいたとか……。

さらに長女が静岡のテレビ局に入社すると、一人暮らしの生活を心配する余り、新大阪駅まで車で送るはずがそのまま静岡まで送ったこともあったそうです。もちろん大阪までトンボ返り、一人で運転して帰ります。

東京・新宿のルミネの劇場に一日出演する際、1回目の漫才の後、次の出番まで4時間空いていれば、新幹線で静岡の長女の元へ行き、掃除してまた東京に戻って漫才し、そして大阪に帰るそうです。「娘は掃除が苦手やねん。得意な奴がやったらええがな」

こだまさんは、長女が新幹線に乗る際には、妻さおりさんに見てもらって、隣に誰が乗るかをチェックするそうです。万が一チャラそうな男が隣に座っていると席を替えさせたり、さおりさんに静岡までついていかせたりするそうです。

長女が月に1回の空き缶や段ボールを捨てるゴミの日を逃してしまい困っていると、大阪から4時間半かけて車を運転して飛んでいき、すべての空き缶や段ボールを回収して大阪まで持って帰るそうです。

さらに今度は次女が広島のテレビ局に入社しました。こだまさんは更に忙しくなります。娘たちは休ませてくれません。

宮沢賢治の「雨ニモマケズ」ばりに、静岡に捨てられずに困っている粗大ゴミがあれば行って大阪に持って帰り、広島に汚い部屋があれば行って綺麗に掃除して大阪に帰り、その合間に漫才をする……。

そんな生活が楽しくて楽しくて仕方がない様子です。どんな状況でも腐らず一生懸命に頑張る大木こだまさん。性根の腐った私には、とても真似できない生き方です。

最近こんなことしてます。　大木こだま

私の近況は、長女の孫、女の子3歳、男の子1歳を可愛がる日々です。

この前長女と孫2人が我が家に1カ月滞在しました。私は毎朝7時に起きて、女の子3歳孫を車に乗せて幼稚園まで送ります。私が休みの日は、幼稚園へ迎えにも行きます。キツかったわ。自分の娘にしてきたことを孫にもできるって私は幸せな男です。笑笑

おちょけ過ぎ芸人、矢野・兵動、矢野

吉本イチおちょけてる芸人は？　と聞かれたら、矢野・兵動の矢野勝也君を挙げます。「おちょけてる」の意味が分からない？　関西弁で「おちょける」とは、「ふざける」が一番近いと思います。

我々芸人の仕事は、ただ単に「ふざけること」と思われがちですが、そうではありません。常に、真剣に面白いことをやろうとしてます（結果、面白いか面白くないかは別として）。

矢野・兵動は関西を中心に活動する漫才コンビなので、関東の方には馴染みが薄いかもしれません。

矢野君はみんなから「パイセン」というニックネームで呼ばれています。呼ばれているというか、実際は今から十数年前、会話中に矢野君自身の口から思いつきで出た言葉（つまりはギャグ）が、「パイセンやでぇ〜」だったのです。

「先輩……の逆さ言葉で、なおかつ、『オッパイ専門』の意味にも取れる。その恥ずかしい響きと、キャッチーな面白さがある」

と矢野君は説明してくれました。が、意味が分かりませんよね？　安心して下さい、私もです。

キャッチーで面白いかは別として、いつしか、仲間や先輩・後輩は「パイセン」と呼ぶようになったそうです。ちなみにパイセンは私のことを「ガシ兄《にい》」と呼びます。そんな呼び方するのはパイセンだけです。独特です。

ご覧になって頂くとすぐ分かるのですが、パイセンの喋り方や立ち振る舞いは、亡くなった横山やすし師匠にソックリです（もちろん本人もかなり意識していると思います）。

一方、相方の兵動君はハンチング帽に黒縁の大きなメガネをかけて、全国ネットの人気トーク番組「人志松本のすべらない話」で面白い話をしては何度も爆笑をかっさらうようなタイプ。そして二人の同期はナインティナイン、宮川大輔君、星田英利君などがいます。みんな売れっ子です。

相方の兵動君が「すべらない話」で頭角を現したので、「自分も何かしなくては！」と考えた矢野君。出した結論は……エンターテインメント集団「劇団ＹＡＮＯＺＡＩＬＥ」を起ち上げることでした。

ＹＡＮＯＺＡＩＬＥ？　矢野ザイル？　ヤノザイル？　オカザイル？　エグザイル？　ＥＸＩＬＥ？

劇団名をこんなふうにつけるなんて、やっぱりおちょけてるでしょう？　恥ずかしげもなくつけちゃうところが、矢野君らしいところなのですが。

矢野君がレギュラー出演していた関西の朝の人気番組「ごきげんライフスタイル よ～いドン！」でも、パイセンの隠しようもないおちょけが炸裂します。スタジオでVTRを観ている時、隣のタレントがワイプに映っているとワイプに無理やりフレームインしてくるパイセン。ワイプの中でビックリするタレントとおちょけているパイセン。毎回、謎の時間が過ぎていきました。

同じく「よ～いドン！」でのこと。真面目な情報をお届けするロケコーナーにパイセンは、必ずお気に入りの、胸に大きくガイコツが描かれている私服でやってきます。言うまでもなく、朝の情報番組に似つかわしくない服装です。

ワイプの強引なフレームインと、ロケでのガイコツ服の結果、残念ながらパイセンは「よ～いドン！」のレギュラーから外されてしまいました。

パイセンにとってはいつも通りのおちょけだったのですが、情報番組にはちょっと合わなかったようです。

私が司会をしていた番組にパイセンがゲストに来て、おちょけたことがありました。

罰ゲームで、身長ぐらいある大きな岩（といっても柔らかい素材で作ったもの）を坂道の上から転がして、それにぶつかったパイセンが派手に倒れる……という流れがありました。

罰ゲームを受ける芸人さんは、恐怖に絶叫して、大きな岩にぶつかり吹っ飛ばされる……そんな演出です。パイセンにも本番前に説明しました。でもパイセンは本番でテンションが上がりすぎて、打ち合わせの説明をすっかり忘れてしまいました。

大きな岩にぶつかっても倒れず踏ん張り、岩を止めて、持ち前の抜群の運動神経で岩の上に四つん這いになりバランスを保つという離れ業を披露したのです。しかも笑顔で「かなわんなぁ〜」と。もちろん、出演者、スタッフは皆、苦笑いでした。

パイセンはいつもとにかく騒ぎまくります。

自動販売機でジュースを買って、777が揃い大当たりになった時も大変でした。テンションが上がってとまりません。どの商品のボタンも光り、当たりの音楽が鳴り響くなか、「やったー当たった！」「見て！　揃ってる！」などと見ず知らずの道行く人に喋りかけまくります。あまりに喋りかけまくり過ぎて、残念ながら時間オーバー。ボタンの光は消えてしまいました。

出番の合間に吉本の劇場内にあるレストランでくじを引いたときも大変でした。見事一等賞を引き大喜びのパイセン。もちろんテンション上がりまくりです。ここでも見ず知らずのお客さんと喜びを分かち合います。

「やりました！　当たりました！　吉本で芸人やらせてもらってるパイセンです！　一等賞獲りました！」

騒ぎに騒いだものの、一等賞の賞品は吉本の劇場のペア招待券。「吉本の芸人やっちゅうねん！」と笑顔でずっこけるパイセンでした。カワイイですねぇ〜。

そんなパイセンが兵動君とコンビを組むことになったのは、吉本の養成所・NSCの授業でたまたま隣同士で座っていたから、だそうです。お互い相方もいなくて、ネタ見せの授業で試しに即席で二人でネタをしたところ、まさかの高評価をもらいました。パイセンは調子づいて、そのまま矢野・兵動としてコンビを組みました。

たったそれだけの理由でコンビになって約30年。相方の兵動君からは「正式にコンビを結成した覚えはない」と言われているそうで、正式には「ただ相方の横に立ち続けているだけの男」、それがパイセンです。

そんな経緯があるので、「解散の危機はありましたか？」という漫才コンビがよくされる質問にパイセンは、「そもそも結成していないので、解散の危機はございません！」と答えるそうです。もちろん笑顔で。

さらに「矢野・兵動は結婚はしていません、事実婚関係のコンビです！　しかし一定期間以上事実婚関係が継続していますので、民法的には事実上の夫婦であり、正式なコンビとして認められているのです」という、よくできた話なのかよくわからん話なのか見解が分かれるオチをつけたりもします。

私生活では現在、結婚しているパイセンですが、プロポーズの話もなかなか強烈です。結婚する前にパイセンの浮気がバレて、後の奥さんとなる当時の彼女と浮気相手が直接対決することになりました。この修羅場が結婚のキッカケとなったそうです。

「彼女vs彼女の戦いでは、話も長引いてラチがあかん。だから嫁の称号が欲しい。嫁vs彼女なら嫁に分があり正当な権利もある、だから結婚して欲しい！」

まさかのタイミングでの逆プロポーズ。もちろんパイセンが断るはずもありません（男の勝手な考えですが、奥さん、いい女ですよね）。しかしパイセン、奥さんに感謝しながらも、結婚後も浮気を繰り返してしまいます。感謝しつつも浮気。おちょけてますねぇ。

浮気がバレて携帯電話を取り上げられ、奥さんが用意した電話を持たされるパイセン。メールは奥さん経由で転送され、通話は奥さんが初めに出た後パイセンに連絡があり、パイセンから先方に折り返すというスタイル。現在は落ち着きましたが、常に疑いをかけられた状態だったそうです。

そんな恐妻ぶりの奥さんですが、夫婦でテレビ出演すると、過去の浮気のエピソードを一緒に笑ってくれる人でもあります。芸人の家族として最高だと、私なんかは思います。

話は変わって、ある日パイセン宛にボディビル用のブーメランパンツが届きました。代金引換の宅配便で。一番下の娘のパパ友からだとすぐにわかりました。

そのパパ友はボディビルが趣味で、ガングロのムキムキ。それをガサツにイジっていたパイセン。

「こんなもん誰でも出来るわい！　重いもん持ち上げたらええだけやろ！」「だったらやってくださいよ！」「ブーメランパンツくれたらいつでもやったるわい！」「じゃあプ

レゼントします！」。そんな会話をしたことを思い出しました。

「プレゼントしてくれって言ったやろ！　なんで代引きや！」

文句を言いながら始めた筋トレでしたが、いざやってみるととても気持ちがいい。爽快感と充実感を味わい、もともと筋肉がつきやすいパイセンはどんどんハマっていきます。トレーニングは地元・尼崎市の市民体育館のジムで、使用料は1回４００円。日焼けマシンもシャワーも完備しています。自宅のベランダや劇場の出番の合間に屋上でも焼きました。その結果、３カ月で13kg減量と筋肉増強に成功、尼崎ボディビル選手権大会でシニア部門優勝と新人賞という快挙を成し遂げたのです。

それからは劇場で出番の漫才が終わった後、若手が舞台に再び上がりサインボールを客席に投げ込む時に、ベテランのパイセンは再び舞台に上がらなくてもいいのに、上半身裸でボディビルダーとして舞台に再登場し、ポージングを披露するといいます。客席はそんなに盛り上がらないそうですが……。

やはり吉本イチのおちょけです。これからも元気におちょけてください。

最後に相方の兵動君が挙げてくれたパイセンの良いところをお伝えします。

「誰とでも気軽に話すタイプ。『頑張れよ』『風邪ひいてないか？』とよく若手に声を掛けてもいて。自分には恥ずかしくてできません」

「コンビの仕事がない時、普通はボケ（兵動君）のせいにされたりするんですが、僕の悪口を言わないし、他人からそういう話も聞いたことがない。そういうところに関してはホンマにええ奴です」

なんや⁉　結局、パイセンはめちゃくちゃええ奴やん！

最近こんなことしてます。　矢野勝也（矢野・兵動）

はい、近況と言いますか……自分、たまたま迷子犬を救出してしまいまして。他人に自慢したり、ネタにするのも嫌でして、自分では一切公表もネタにもしておらず、黙っていたのですが、しかし……黙っていられない状況になってしまいました。勝手に噂が広がり、新聞の取材は来るわ、全国ニュース番組にまで取り上げられてしまいました‼

どこかふざけてる女、ガンバレルーヤよしこ

ガンバレルーヤといういま上り調子の女性コンビがいます。

黒髪ロングのよしこと、金髪ショートのまひるは、共に頬をチークで強めのピンク色に塗り、決して美人とは言えない顔立ち（そもそも美人に近づこうともしていない）。しかも衣裳の色はお決まりで、ピンク色がよしこ、黄色がまひる。そんな外見なので、よく目立ちます。

二人は不思議なタイプの女芸人で、ネタがめちゃくちゃ面白いわけでもなく、トークがめちゃくちゃ面白いわけでもない。でも番組にいたら二人の話にみんなが爆笑する。どこまでが本当の話なの⁉ と。そしていつの間にか、真相は分からないけれど面白いからオールOK！ となっている。ガンバレルーヤはそんなコンビです。

二人は吉本の養成所NSC出身ですが、出会いはNSCではありません。大阪のNSCに通うために引っ越したマンションで二人は出会います。

ある日よしこがエレベーターに入っていくと、後に相方となるまひるが便秘からくる腹痛でうずくまっていました。

「大丈夫ですか？」とよしこが声をかけると、「便秘でお腹が……痛くて……」と苦しむまひる。けれど、よしこはまひるの部屋番号を聞き、去ってしまいます。

あっけにとられたまひるは何とか部屋に戻ってしばらく横になっていると、よしこがボウルいっぱいにキンピラごぼうを作って持って来てくれました。

「ごぼうは繊維質が豊富だから、食べると便が出やすくなりますよ。キンピラごぼう多めに作ったので食べてください」そう言ってボウルを置き立ち去るよしこ……。まひるはボウルに入ったそのキンピラごぼうを食べ尽くしました。

すると今までの便秘が嘘のように、詰まっていた便がいっぺんに出てきて、お腹の痛みも一気になくなりました。

後日、お礼を言いに行くと、互いに同じＮＳＣに入る準備中だと判明。意気投合した二人は仲良くなり、そのままコンビを組むことになったそうです。

……とここまで書いていて、私は感じます。こんな話、あります？　どこか嘘くさいですよねぇ。でも、この嘘くささがお笑い芸人としてのとても大事な要素だと私は思っています。

どこかふざけている。どこかナメている。どちらも芸人に必要な要素です。どこまでが本当の話なの？　と聞いている人に思わせることが出来たら勝ちといっても良いでしょう。全てが本当の話でなくてもいいのです、面白ければ。ガンバレルーヤにはそれが備わっているのです。

よしこの話に戻りましょう。

まだ芸人としての仕事がない頃、よしこはスナックでアルバイトをしていました。チーママとして一人で店を任されることも多かったのですが、よしこ一人の時、カランコロンと店の扉が開いても、カウンターに立つよしこを見た途端にお客さんは再び扉を閉めて帰って行く……。そんなことが頻繁にあったそうです。

店のママから、「今までは週3の遅番だったけど明日から週1の早上がりでいいわ」と告げられたよしこ。早上がりは18時から20時までの2時間出勤で、扉が開いてもおしぼりやお酒の業者が来るぐらい。お客さんはほぼ来ません。つまりは開店準備をするためのアルバイトに格下げに。

一度見せてもらった早上がりの写真には、一人寂しく笑う、完全に笑いを取りに行ってるよしこが写っていました。

よしこは正直美人ではありません。美人に寄せる気もありません。そんなよしこは、自分の容姿を自覚しながらスナックでアルバイトをしていました。なぜなら、普通のアルバイトをするより面白い話が出やすく、エピソードトークも作りやすいからだと私は思っています。自分を客観的に見る能力があるのですね。タレントに必要な能力です。

このスナックでのエピソードは他にもこんなものがあります。

バイト中、一杯700円のチューハイをお客さんに頂いて店の売り上げに貢献するのですが、よしこはそのキャラのせいか、一滴も飲ませてもらえなかったそうです。だからお客さんが酔っ払った時やトイレに行った時に、お客さんのボトルをこっそり飲んで、減らしていたとかで。またしても、どこまで本当なのか。

また、よしこはお客さんと一度だけデートしたことがあるそうです。店で知り合った年下の男性にデートに誘われました。喜んで待ち合わせ場所に行くと、そこはその男性の実家でした。

「親父が亡くなったから遺品整理を手伝ってほしい」

よしこは一生懸命遺品の整理を手伝いました。遺品の中からその日男性がつけていた白い数珠と色違いの黒い数珠が出てきて、それをプレゼントされました。複雑だったけどうれしかったよしこ。

しかしその数珠をつけ始めてから自宅でポルターガイスト現象が起こるようになりました。電気がチカチカしたり、キッチンで横たわっていたら腹の上に皿が落ちてきたり。さらには幽霊まで見るようになり、仕方なく数珠を外したそうです。

スナックのバイトが週1の早番になってから収入が減ったので、昼間に川の清掃のアルバイトも始めたよしこ。しかし、川掃除のバイトの終わりが遅くなると、家に帰ってお風呂で体を洗う時間がなくなり、そのままスナックに出勤したら「ドブ臭い！」と言われ、店の外に出されてしまったそうです。

お客さんのボトルをこっそり盗み飲んだり、デートが遺品整理だったり、ドブ臭いから店の外に出されたり……いちいちエピソードが面白すぎます。真相が本当でもウソでも、このふざけた感じがよしこの面白さだと私は思っています。

よしこと相方のまひるは、まだあまり給料が高くないのでコンビで同居しています。シングルベッドで二人で寝て、少ない量のお湯で済むので、小さなユニットバスに二人で入るそうです。でも、お風呂に浸かっていると、時に喧嘩になります。

というのは、よしこがまひるにバレないように、湯船の中でオシッコをするそうです。勘のイイまひるは問い詰め、苛立ちながらよしこを殴ります。学生時代に女子野球をやっていて肩が強いから、よしこをボコボコにするまひる。泣いて詫びるよしこ。ね、笑ってしまうでしょう？　こんな汚い話を自慢げに披露するのはお笑い芸人だけです。

ちなみに、よしこの背中には龍が天に昇っているようなブツブツがあるそうです（本人が得意げに教えてくれました、決して実物は見ていません）。

そんなよしこのブツブツでは、２０１８年の秋にまた伝説が生まれました。よしこが「下垂体腺腫」という病気になったことによるのですが、「よしこは笑いの神様に愛されている芸人」だと、芸人仲間の間でかなり話題になった話です。

「下垂体腺腫」という病気は脳の一部である「下垂体」という部分に腫瘍が生じるものだそうです。下垂体は小さいながらも様々なホルモンを分泌する機能を担っているので、下垂体腺腫が発症するとホルモン分泌に異常が生じ、様々な症状が引き起こされるとか。結果、よしこの鼻は以前より膨らみ、顔にブツブツができて顎が前に飛び出してきました。

それらの症状が現れた当初、それが「下垂体腺腫」によるものだと、よしこも周りも気が付きませんでした。当時ガンバレルーヤは、ちょうど東京に拠点を移し、大ブレイク目指して頑張っている段階でしたので、「笑いの神様がこのタイミングでよしこをより面白い顔にして、東京進出を後押ししてくれたんだなぁ」と私は勝手に思ってました。

よしこはより面白くなった自らの顔を、自虐的にイジりまくりました。また、色々な芸人さんからイジられたり、小雪さんや多部未華子さんの似てない顔真似をしたりしては以前よりウケていました。まさに、破竹の勢いの活躍です。

芸人仲間は「ドーピングブス」「ズルいぞ、顔を面白くして笑い取って!」と、半分マジでひがんでました。このご時世、自らの容姿を徹底的に笑いにするスタイルには批判の声もあると思いますが、本人は一向に気にしないオールドスタイルの芸人です。

しばらくして仕事が少し落ち着くと、下垂体腺腫だと分かりました。当時よしこに病気のことを聞くと、「頭の中に良性腫瘍……いえ、大きめのキンタマができて〜」と必ず良性腫瘍のことを大きめのキンタマに喩えていました。もちろん、手術で大きめのキンタ……いえ、良性腫瘍は除去でき、無事に仕事復帰しました。

すると、肌のブツブツはなくなり鼻も小さく戻って、少しブスじゃなくなりました。ただ病気の影響で前に突き出した顎だけは、骨の変形なので元に戻らなかったそうです。「元に戻すには整形手術で削らないと治りません」とここぞとばかりに、自らの不幸話を得意げに披露し笑いを取るよしこ。私が真剣に「後遺症はないの？」と聞くと、「腫瘍があったところに栓をしているので、鼻をかむとそれが抜けてしまうため鼻がかめなくなり、鼻の中に鼻くそが溜まるのが困ります」と真面目な顔で答えてくれました。どこまでもふざけていますねぇ。

そんなよしこですが、唯一ふざけていない話があります。

番組の収録でウケた時は、帰りにエレベーターの前まで大勢のスタッフさんが見送りに来て「お疲れ様でした、またお願いします！」と口々に労《ねぎら》ってくれるのですが、うまくいかなかった時は誰も来ない。静かにエレベーターに乗りゆっくりと降りていくそうです。まるで地の底に沈んでいくように……。

だから毎回エレベーター前まで歩いていくのが怖くてたまらないといいます。

「今日は良かったの、悪かったの？　また呼んでもらえるの、もう二度と呼んでもらえないの……？」

途中、振り返りたい衝動に駆られるのをグッと堪えるそうで、私はそれを聞いて安心しました。よしこも人の子でした。

私も含めて芸人やタレントはみんな不安です。また呼ばれるか、もう二度と呼ばれないのか――この戦いは永遠に続くのです。

まぁ呼ばれなくなったら、またスナックでアルバイトをするんだ、よしこ！　面白い話がきっといっぱいできるよ。

最近こんなことしてます。　よしこ（ガンバレルーヤ）

最近恋愛ドラマに出させていただいていて、いい女のネイリストの役なので、役作りで指毛を剃りました。でも、顔のぶつぶつがすごくて、撮影の合間にスタッフさんに編集所を案内されて、「ここがよしこさんの肌を綺麗に編集するブースだよ。挨拶して」って言って、私の肌を編集してくださってる人達に挨拶させられました。毎晩徹夜で直して下さってるらしく、顔がすごく疲れてました。気まずかったです。

麻原彰晃が死刑執行の時にそのニュースがよく流れてて、私のTwitterに「まだ生きてるのか」ってメッセージがたくさん来ました。小4の時に麻原彰晃に似てる時の写真があって、その写真を芸人1年目の時に吉本の携帯コラムに載せて、【この時期に同級生のしょうまくんと、こうへいくんに「おい、かっぱ！　かっぱ！」と言ってからかわれてました】って書いたら、そのコラムをどっからか見つけた人が、しょうま君とこうへい君の「しょう」と「こう」にマーカーをひいて、【こいつは麻原彰晃の後継者だ】と書いて拡散していました。なので最近は、麻原彰晃っぽい全身ピンクの服は控えてます。

去年の4月に二人で一緒の家に引っ越したのですが、とんでもない事故物件で、夜中にテレビを見ていたら勝手にテレビが消えたり、寝てたらテレビが大音量でついたり、帰ったら消したはずなのに家中の電気がついてたりして、怖くて調べたら、隣がたまたま都内最強心霊スポットでした。霊が見える後輩に見てもらったら、寝室にヤクザの霊がいると言われました。後輩がお祓いをしてくれたのですが、その後もまだテレビが消されたりしていて、最近気付いたのは、朝の4時からのますだおかだ・岡田（圭右）さんがMCをしている「クイズ！脳ベルSHOW」が始まると必ず消されます。

テレビ局の廊下でたまたま10メートル先に松山ケンイチさんがおられて、初対面だし、奥さんの小雪さんのモノマネをしてるってこともあり、ヤバイと思ってメイク室に隠れました。そしたら、松ケンさんが入って来て、何をする訳でもなくキョロキョロしてから出ていかれ、メイクさんも、あれ？　何しに来たんだろうってみんな不思議そうにしてました。たぶん私を奥さんと間違えたんだと思います。小雪として少し自信がつきました。

仕事で海外へ行った時に、税関で「お前、かばんの中に肉と野菜入れてるだろう」と言われ、何も入れてないとずっと答えてるのに、1時間くらい入国させてもらえませんでした。

お笑いに溺愛された男、三浦マイルド君

２０１３年2月12日、あるピン芸人がＲ－１ぐらんぷりの生放送に出るため新幹線で東京に向かっていた。

その男の頭皮は、後頭部に向けて縦にハゲている。そして髪の毛がなくなった前髪の部分の、かろうじて生き残ったほんの少しの毛根たちが肩を寄せ合って生えているのを切らずに伸ばしている……（笑福亭鶴瓶さんが前髪を目のところまで伸ばしていると思って下さい）。

どう見ても奇怪な髪型に、話しかけるのも躊躇する。

「特徴のない自分が少しでもイジってもらえる部分があったほうがいいと思うんです」

とは言うものの、それを共演者がイジりやすいかどうかは不明です。

その男の名は三浦マイルド君。毎日が楽しくない小学生時代、彼を救ってくれたのがダウンタウンでした。大袈裟ではなくその時の三浦マイルド君の生き甲斐で、新聞のラテ欄にダウンタウンの番組があると彼はその日は朝から一日、楽しくて仕方がなかったそうです。

気がつけば当たり前のようにお笑い芸人を目指しています。母子家庭だった三浦マイルド君。「息子には大学を出て、立派な会社に就職してもらいたい」という母の強い愛を感じつつも、ダウンタウンさんへの憧れが捨てられず、大学在学中に吉本興業の養成所、大阪NSCを2回受験しました。

一度目は大学2回生の時で、まさかの不合格（NSCの合格率は9割を超えるとか）。4回生の時に再度受験してやっと合格しました。もちろん就職する気などサラサラなく、大学卒業後そのままNSCに入学しました。母の反対を押し切る形で芸人になります。

母は息子が芸人になることに最後まで反対しました。養成所に入ったからといって簡単に売れる世界ではありません。ダウンタウンへの憧れからコンビ芸を目指していたものの、三浦マイルド君は4回もコンビを組んでは解散しました。最後には誰も組んでくれなくなり、自然とピン芸人になったそうです。

芸人にはなったものの、もちろん芸人のギャラだけでは生活できません。様々なアルバイトをして生きながらえます。百貨店のハム屋さんでは時給870円で働きました。一日8時間働き、それだけで食べていたこともありました。ちなみにピン芸人になって初めてもらったギャラは500円。それも芸人になった6年後のことです。

そんな彼が出演したその年のR－1ぐらんぷりでは、当時大人気だったスギちゃんとキンタロー。に注目が集まっていました。

売れない芸人・三浦マイルド君は二人に猛烈なライバル心がありました。「絶対に負けたくない！」と、新幹線の車内でネットに書かれた自分の悪口を読み、その怒りを燃料にして、自分を奮い立たせていました。

その結果2013年R－1ぐらんぷりで見事優勝。奇跡が起きたのです。

決勝トーナメントの第一戦で、三浦マイルド君は「広島弁講座」というフリップ芸を披露しました。そのネタというのは、「怖い印象のある広島弁って実は怖くない、素朴で可愛いんです」というもの。

例えば、制裁を加えるという意味の「ぶち回すぞ」という言葉を片目を閉じて舌を出しながら絶叫する。すると不思議と可愛く思えてきます。お客さんの反応も上々。重ねて、「買う気ないのに試食を食うな。ぶち回すぞ‼」とさらに大きな声で絶叫すると……見事にハマりました。ハム屋さんでのアルバイトが初めて芸に生きた瞬間です。

第一戦で見事お客さんのハートを摑んだ後、最終決戦では、道路交通警備のアルバイトで知り合ったニシオカさんというオジサンの言葉を使ったネタで勝負しました。

「一生懸命仕事しても、手ぇ抜いて仕事しても、もらえるお金一緒やで～」

「高速道路の警備はな、命の危険が伴うから危険手当が2000円もらえるねん。これ、どういうことかわかるか？　ワシらの命の値段、2000円ってことやで！」

会場が笑いに包まれます。他にも「市民税なんて払ったことないわ！」「タイの女の子が一番優しいわ～」など、実在の人物だという面白さも重なりましたしても見事にハマりました。お客さんと審査員の芸人達、みんなが大爆笑。見た目の可笑《おか》しさだけでなく、お笑いの才能自体もあることを芸人仲間も以前から認めていましたが、その日の彼は圧倒的に面白かったのです。そして、一夜にして人生が変わりました。

優勝賞金は500万円。女手一つで苦労して育ててくれた母親に感謝の気持ちを込めて100万円渡しました。50万円は養護施設に寄付したそうです。本当に心優しい三浦マイルド君です。

そして残りの350万円は食事と酒、そして風俗に無計画に散財してあっという間になくなってしまいました。人に対する優しさも人一倍なら、性欲も人一倍な三浦マイルド君です。

優勝直後、三浦マイルド君に仕事が殺到しました。もちろんすぐにアルバイトは辞めました。月収は一気に60万円に跳ね上がりました。が、大きな声で絶叫するネタを披露し続けていると、すぐに声がガラガラになり、ネタの肝である広島弁の可愛らしさが伝わりにくくなってしまいウケない……当然のように月を追うごとに仕事が減っていきます。そして、ウケなければウケないほど絶叫する声は大きくなり、三浦マイルド君の広島弁だけがスタジオに響き渡るのです。

「わしの母ちゃん、ええとこずき（八方美人）じゃけぇ、宗教4つ入っとるんじゃ」

こんなセリフを叫んだ後の沈黙は、まさに地獄です。

優勝から1年後、月収は15万円にまで減っているなか、三浦マイルド君は東京進出を果たします。が、当然、時すでに遅し。なぜすぐに東京進出しなかったのかといえば、「お笑い芸人になって13年、育ててくれた大阪のお客さんに恩返しをしたい」ため、1年間は大阪を中心に活動すると決めていたそうです。根が真面目な彼らしい考えです。

上京して半年後、ある月のスケジュールがメールで送られてくると、予定が真っ白でした。つまりその月の仕事はゼロ。「吉本にとって三浦マイルドは必要ない芸人なんだ」と痛感した瞬間でした。その後も仕事は、ある月でも4、5本。ネタを見せる舞台だけで営業の仕事すら回ってきません。

R－1優勝前の生活より、精神的に悲惨な日々が待っていました。「帰ってたまるか！」という意地だけでしがみついていたそうです。母親に格好良く渡した100万円も、そっくりそのまま返してもらいました。

酒を飲んでは愚痴を垂れ流す後ろ向きな毎日。そこには、R－1優勝者の覇気は全くありません。

「大阪に帰るのはカッコ悪いことじゃない。向き不向きもあるし」と言われたこともありましたが、「帰ってたまるか！」と心の中で叫び返していました。声には出さず、心の中だけで。やはりそこは根が優しい三浦マイルド君です。

「ハゲた頭に前髪だけ伸ばすの、女性は気持ち悪いと感じるから、短く切って清潔感出したほうがいいよ」というアドバイスにも、「この前髪切ったら三浦マイルドのトレードマークが消えるわ！　切ってたまるか！」と、これまた心の中で叫んでいました。

そして借金も増えました。人から借りたり、消費者金融から借りたり。ついに一人暮らしもできなくなり、芸人仲間の４人でルームシェアを始めました。会社が仕事をくれないから、自分で探して営業にも行きます。お酒を飲んでいるお客さんの前でネタをやる営業です。

居酒屋でネタをした後、投げ銭箱を持ってお客さんのテーブルを回ります。小銭ばかりが投げ込まれるなか、ある酔ったお客さんがクシャクシャに丸めた千円札を三浦マイルド君の口の中に入れようとしました。

いくらなんでも、それはプライドが許さない。お客さんとはいえやっていいことと悪いことがある。そう思った三浦マイルド君でしたが、その時の彼の財布には４００円しか入っていませんでした。だから千円札を見て、思わず口を開けてしまったのです。ほんの一瞬ですが口を開けてしまい……。しかし、「アカン、アカン」と誰に言うわけでもなく言って、口を閉じました。「すいません。勘弁してください」と、それだけ言うのが精一杯でした。

気がつけばＲ－１の優勝から４年が経っていました。このままじゃダメだ、変わらなきゃ――そう決意した三浦マイルド君。会社や周りに対する不満をなるべく考えないようにしました。歯がゆさと悔しさで泣きそうになりながら、毎日机に向かってネタを作り続けました。ブヨブヨに太った体も減量して15kgも痩せました。そして、切ることを頑なに拒んでいたシンボルである前髪も、とうとう清潔感のある髪型に変わりました。様々なアドバイスに前向きに応えられるようになりました。その結果、2017と19年のR－1ぐらんぷりで再び決勝に進出しました。残念ながら優勝はできませんでしたが、確実な手応えを感じられるようになりました。

現在も相変わらず芸人の仕事はありません。お払い箱のような状況のなか、もちろんアルバイトをしています。外国人旅行者の方が利用する民泊の清掃だそうです。

「今までの自分は死んだ」。三浦マイルド君は更に生まれ変わろうと、毎日笑うように心がけていますが、日々の眠りは浅く、胃も慢性的に痛みます。

「結婚は？　彼女は？」

私は失礼ながら聞いてみました。

「彼女は10年いません。風俗は現在借金が50万ほどあり、それを完済するまでは控えようと思っていましたが、先日我慢できず久しぶりに3軒ハシゴしちゃいました」と大真面目な顔で報告してくれました。

風俗のハシゴ!?　やっぱり三浦マイルド君の真面目さと性欲は天井知らずです。

この先吉本から仕事が来なくて吉本を辞めたとしても、三浦マイルド君はどこかの小さな舞台でネタをやっているでしょう。なぜお笑いを辞めないのか？　多分、お笑いの方が三浦マイルド君を見初《みそ》めたのだと思います。お笑いは絶対に三浦マイルド君を放してくれません。どんなに辛くてもお笑いを卒業させてはくれないでしょう。その外見もお笑いセンスも、お笑いに溺愛されてる証拠だから。

最近こんなことしてます。　三浦マイルド

最近、NSC卒業したての1年目の若手のライブのMCをして、ライブ終わりにネタのダメ出しをする仕事をやっています。あとは、変わらずに闇営業も行っています。

毎年年末、闇営業は10件位あるのですが、今年はまだ3件しか依頼が来ておりません。今年の騒動の影響だと思うのですが、非常に困っております。

吉本以外のライブにも、変わらず出ております。

執念と愛に満ちたコンビ、宮川大助・花子

「執念」という言葉を辞書で調べると「ある一つのことを深く思いつめる心」と書かれていました。その「執念」という言葉が最も似合う芸人さんは？　と聞かれたら、「宮川大助・花子」の大助さんだと私は即答します。

大助・花子さんはご存知の通り、実の夫婦で漫才をする、夫婦《めおと》しゃべくり漫才の第一人者です。この二人に世間が持つ印象とは、花子師匠がほとんど喋って大助さんは隣でオロオロしている——そんな感じではないでしょうか。現在定着したその形になるまでには、少しの時間とたくさんの試行錯誤と、何よりも大助さんの執念がありました。

そもそも大助さんの師匠は浪曲漫才トリオ・宮川左近ショーの4代目宮川左近さんで、花子さんの師匠はチャンバラトリオさんです。お互い別のコンビを組んでお笑いを始めましたが、花子さんは早々に解散し、この世界を離れました。そして大助さんと結婚します。

その後、大助さんもお笑いをやめ二人は同じ警備会社で大助さんはガードマンとして、花子さんは万引きGメンとして働き始めます。花子さん曰く、「最高に幸せ」だったそ

うです。でも……。

可愛い女の子にも恵まれ、人並みの幸せを生きていきたい花子さん。一方、もう一度漫才師として勝負したい気持ちを抑えられなくなっていく大助さんは、警備員の仕事の合間に書いた100本の漫才台本を花子さんに見せ、「もう一度漫才をやろう！　早く結果を出して売れたいんや！」と懇願します。花子さんは表向きはそんな夫の熱い気持ちを受け止め漫才の道に戻ることにしますが、本音としては「子供のためにも（ダメならダメで）早く結果を出して辞めたい」と思っていたそうです。

「売れたい」と「辞めたい」。正反対の思いでしたが、「早く結果を出したい！」という考えは一致していました。

そんな初期の大助・花子さんの漫才は、大助さんがずっと喋り花子さんが相槌を打つスタイルでした。今とは真逆、想像もつきません。その上、スーツ姿の大助さんが袴姿の花子さんを投げ飛ばす、ドツキ漫才でもありました。しかも「余計な先入観を与えない方が、お客さんが笑いやすい」という理由で、実の夫婦ということは伏せていたそうです。

当時から二人の漫才の稽古は、大助さんが花子さんに口伝えで覚えさせるやり方です。そして、とにかく稽古はいつも真剣で、いつ終わるともわからないほどに熱心。「稽古でできないことは本番でもできない」と、舞台の本番同様に、花子さんを本気で殴る大助さん。生傷が絶えない花子さんは、子育てする時間もなく、周囲の協力を得ながら稽古を続けました。

しかも本番の舞台では、大助さんのテンションはさらに上がります。花子さんは脳震盪を起こしたり、時に失神したり、死にもの狂いの漫才だったそうです。袖で見ている芸人たちの「そんなに殴ったら花ちゃん死んでまうで！」という声を全く聞かない大助さんも大助さんですし、「もうちょっと手加減して！　痛いからやめて！」なんてことは一度も言わなかったという花子さんも花子さんです。

「ウケるウケないは大助君が考えたらいい。とにかく早く売れて辞めたい。売れたら大助君が一人で舞台に立ったりテレビ出たりすればいい」「私は寂しい思いをしている子供の世話がしたい」

花子さんの思いは、ただそれだけでした。

「とにかく早く結果を出したい」。そんな思いで一致していた二人でしたが、結果はすぐに出ました。コンビ結成から2年後の1981年、今宮戎神社こどもえびすマンザイ新人コンクールで奨励賞を獲得します。ちなみに大賞は結成からたった2カ月の大木こだま・ひびきさんでしたが、結成から2年で奨励賞ももちろん素晴らしいことです。

そして翌年4月に行われたABC漫才・落語新人コンクールで見事優勝。「やっとスタートラインに立てた」。そう思ったのもつかの間、その半年後、前出のこどもえびすマンザイ新人コンクールで、その年から開校した吉本の新人タレント養成所NSCに入学して3カ月しか経っていないコンビ松本・浜田（のちのダウンタウン）があっさりと大賞を受賞します。

「養成所のコンビがコンクールに出るらしい。しかもそのコンビは革命的な漫才をするらしい」との噂を聞きつけて、この大会を一番後ろの席から観ていた大助さんは衝撃を受けました。

「コイツら絶対売れる。そしてその後には『笑い』というものが完全に変わってしまう。その前にワシらが売れんと……。大助・花子は終わってまう！」

なんとしてでもダウンタウンが売れる前に自分たちが売れないといけないと、大助・花子さんはシフトチェンジをします。

「大ちゃん、ドツキ漫才やなくて、もっと花ちゃんに喋らせなアカンで。その方がお客さん笑いやすなるで」「嫁に喋りでやり込められる方がウケると思うけどなぁ」

親身になって相談にのってくれた、しゃべくり漫才の先輩である夢路いとし・喜味こいし師匠や漫才作家の先生たちのアドバイスで決心がつきました。夫婦であることを公表して、嫁の不平不満をリアルに見せるネタに変えました。そして花子さんが9割、大助さんが1割と喋りの割合もガラッと変えました。花子さんの喋る部分も大助さんが考えて、相変わらず、ひたすら花子さんに喋って聞かせました。

そこからの二人の漫才への、まさに執念とも言える情熱はもはや怖ろしいものでさえありました。

舞台の出番がある日は劇場に一番乗りして稽古します。出番が来たら漫才して、終わったら稽古してまた出番。そして終わってまた稽古。劇場が閉まるまで粘り、帰宅したら花子さんが子供の世話をしている間、横で大助さんが花子さんの喋る部分を喋り続ける。子供を寝かしつけたら、近所の公園でまた稽古。「公園で男女が喧嘩している」と夜中に通報されたことは、一度や二度ではありません。時には大助さんが花子さんをビンタすることもあり、それにキレた花子さんが大助さんの顔をグーで殴って前歯が折れたこともあったそうです。

「そこまで稽古せんでも……」「本番の舞台に支障きたしたら元も子もないで」。先輩芸人や吉本の社員に、半ば呆れ気味に言われることも多々ありました。

しかし、そんな声には耳を貸さずひたすら地獄のような稽古を続けた結果、大助〝博士〟が作り上げた「宮川花子」という漫才マシーンは舞台で光り、輝きを放つようになります。

身振り手振りを交えてスピーディーに喋り倒す花子ロボと、その横でオロオロする大助〝博士〟。それにツッコむ花子ロボ。お客さんは大爆笑。順調に漫才スターへの階段を上っていきました。

１９８０年代半ば、漫才で頭角を現していったのは、大助・花子さんとダウンタウンでした。まさに大助さんの読み通りでした。

当時のダウンタウンはアイドルのような人気で、劇場にダウンタウンが出演すれば大挙して女子中高生が客席の最前列に押しかけるような状況でした。ダウンタウンが登場すると大歓声があがり、出番が終わると最前列の女子中高生が客席から出て行ってしまう。それ以降の出番の先輩芸人からしたら、たまったものではありません。

「お前ら漫才の出番もっと後にせぇ。迷惑や！」

ダウンタウンにそんな文句を言う芸人も中にはいましたが、大助さんは違いました。

「わしらがダウンタウンと仲がええコンビなら、ダウンタウンのファンの子たちも大助・花子の漫才も見てくれるんとちゃうか」

そう考えた大助さんは、ダウンタウンの出待ちをしている女の子たちに積極的に話しかけました。

「松っちゃんもうすぐここから出てくるんとちゃうかな？」と大助さんが言ったかと思えば、「浜ちゃんは楽屋おらへんかったから待ってても意味ないで〜」と花子さんが付け足す。大助さんは吉本の人間にダウンタウンのスケジュールを聞き、ファンの子たちにこっそり教えたりもしました。

「ダウンタウンが天下取ったらワシらみたいな漫才では世の中に出て行くのが無理になる。アイツらより先に売れないと、大助・花子に未来はない」から、プライドもクソもありません。とにかく真剣です。執念です。使えるものはなんでも使いました。

その結果、ダウンタウンのファンにも認められて、ダウンタウンの出番の後の宮川大助・花子の漫才も帰らずに見てくれるようになりました。

そして運命の1987年。宮川大助・花子さんは、関西の漫才の賞で最も古く名誉ある賞と言われている、上方漫才大賞を受賞します。同年の奨励賞は大木こだま・ひびきさんとダウンタウンさんの2組でした。

「間に合った……。ダウンタウンが大賞とる前にとれた……」

胸をなで下ろす大助さんは、ダウンタウンの松本さんからこう言葉をかけられたそうです。

「お兄さん、本当によく頑張ってましたよね。自分たちの後の出番で頑張られているのを、いつも袖から見ていました。本当におめでとうございます」

大助さんは後輩の松本さんのこの言葉が、何より嬉しかったそうです。

そんなダウンタウンは、翌年に東京でウッチャンナンチャンや野沢直子さん、清水ミチコさんたちとフジテレビで深夜枠のコント番組「夢で逢えたら」を始めます。大助さんの予言通り、ダウンタウンはまさに時代の寵児となりました。

一方宮川大助・花子さんは漫才師として、吉本の大看板になりました。花子さんの胃癌、大助さんの脳出血など、その後幾多の困難が二人を襲いますが、その度に互いに寄り添い助け合いながら漫才を続けていきました。

コンビ結成から38年後の2017年、宮川大助・花子さんは紫綬褒章を受章します。その時、花子さんがこんなことを言いました。

「私は大助君にずっと言おうと思っていた言葉があるんです……。私を漫才に誘って下さって、本当にありがとうございました」

大助さんは堪えきれずに、号泣してしまったそうです。

最近こんなことしてます。　宮川大助

最近の仕事、プライベートで楽しかったのは、IKECHAN（歌手の池田大其）と高齢者の激励歌を作ったこと。

アッと言う間に令和が始まり／俺もお前も高齢者やぞ／体のどこもそこもおかしくなって／記憶も飛ぶし物忘れも激しくなっていく／そやけど悲しまへんで／楽しく生きてくで／年行ってからの人生は／夫婦漫才のように／ボケたら上手いこと／突っ込みあって生きていこなー／あのな～／実はな～／忘れた～

もーえわ。未だ未完成ですが、これ完成させて営業行くでー！

それから、毎年やっているミュージカル「竜宮伝説」が、素晴らしく出来て大喜びしています。自分で草案をしているので、作品が出来ると嬉しく、毎年一回は大喜びです。子供たちもたくさん参加してくれて、最初の孫はプラス13歳になっています。大きくなって吃驚《びっくり》です。来

年は子供の心が花咲か爺さんで未来に花咲かす、百花繚乱の物語「岩咲き桜」をやります。毎日曲を作り、歌詞を今考えています。楽しいですね。

これからは、高齢者の夫婦の見本になれるように、労りの愛を心に頑張ります。

老後の二人の2度目の恋が出来る夫婦を目指しています。只今花子さんと恋愛中です♬

還暦間近のアルバイト芸人、リットン調査団水野

このエッセイ、「次は……一体誰にしようか?」と悩んでいたある日、テレビから「未だにバイトしてる最も芸歴が長い芸人は、リットン調査団説」というナレーションが流れてきた。TBSの人気番組「水曜日のダウンタウン」です。

思わず見入ってしまったのは、中堅からベテラン芸人たちのアルバイト事情を面白おかしく紹介していたからです。結論から言うとその「説」は正解で、リットン調査団が未だにアルバイトで生計を立てている、最も芸歴の長い芸人でした。

リットン調査団の二人はそれぞれ清掃業のバイトをしています。藤原光博さんはビルの、水野透さんは漫画喫茶の清掃です。

インタビューされている藤原さんは体型的にも以前と変わらなかったし、半年前に仕事で会っていたので特に驚きはありませんでした。が、相方の水野さんの姿は衝撃でした。7、8年ぶりに見た水野さんは58歳になっていました。久しぶり過ぎて……正直、辛いものがありました。

以前より痩せ、髪の毛も前髪を中心にさらに寂しくなり（頭頂部に髪の毛が集まってい

る感じです）、『ちびまる子ちゃん』に出てくる永沢君の〝たまねぎ頭〟のようだと言えば分かりやすいでしょうか……もっと言うと永沢君のお爺ちゃんのようでした。

そんな水野さんに番組スタッフの容赦ない質問が飛びます。

「芸人を辞めようと思ったことはないですか？」「ないですね」。水野さんはいたく真面目な顔で答えます。更にスタッフの質問が続きます。「一度も？」「はい」。あくまで冷静です。「よぎったことも？」「……はい」。

そしてVTRは水野さんの清掃姿を晒します。よりパンチのある映像にするためです。さらにドキュメンタリー番組「ザ・ノンフィクション」のテーマソング「サンサーラ」が流れ、笑いの要素が足されます。

♪生きてる　生きている　その現《うつつ》だけが　ここにある〜

サビの一番良いところでは、水野さんが便所掃除をしている姿が映ります。顔にカメラがどんどん近づいていき、最後はどアップ。この番組の得意中の得意である、〝悪意ある編集〟です。

私は番組のファンで、いつもはこういう場面で爆笑するのですが、今回ばかりは笑えませんでした。なぜか？　少し照れますが、デビュー当時から一緒にやってきた古い仲間だから？　久しぶりに見る水野さんがだいぶ老けていたから？　自分でも答えが出ないので、今回はリットン調査団の水野さんについて書くことに決めました。

この本では、相方の藤原さんについても書きました。何となく、「コンビの片方を書いたらもう片方を書くのはやめておこう」と自分の中で勝手に決めていましたが、「サンサーラ」をBGMに便所掃除姿を見せられたら、そんなルールは即座に変更です。

藤原さんの回でも書いたように、リットン調査団の二人は桃山学院大学プロレス研究会の先輩後輩の仲。

水野さんは大学時代、ビートたけしさんに憧れ過ぎて、ラジオ番組「オールナイトニッポン」が終わる時間にニッポン放送で出待ちして、たけしさんに弟子入り志願をしたことがあるそうです。水野さんが履歴書を渡すと、「今、弟子がいっぱいで新規は取ってないんだよ」と言い、タクシーに乗り込むたけしさん。水野さんは咄嗟にタクシーを拾い追いかけます。

たけしさんのタクシーが信号待ちをしている横に並んで停車すると……なんと、憧れのたけしさんが車の窓を大きく開け身を乗り出し、手渡した履歴書を持ちながら「ちゃんと読んでおくから！」と手を振ってくれたといいます。信号が青になり車が発進してもずっと手を振ってくれたとかで、あまりに嬉しかった水野さんはそれで満足してしまい、以降弟子入り志願をしに行くことはなかったそうです。

しかし大学卒業後、社会人を数年経験してもどうしてもお笑い芸人の夢を諦めきれず、相方の藤原さんとリットン調査団を結成します。水野さんはすでに25歳でした。

私が出会うのはそれから1年後、私が19歳のときです。我々は心斎橋筋2丁目劇場で週に1回、ネタを作って舞台に立っていました。ダウンタウンはじめ、今田耕司さん、

130R、木村祐一君などみんなそこで出会いました。

リットンの二人は主にコントをしていました。超独自路線の、今まで誰もやったことのないコントばかりです（詳しくは130ページからの藤原さんの回をお読み下さい）。まったく万人受けしないそのネタに客席はシーンとするばかり。袖で見ている芸人仲間と、思わず笑ってしまったごく一部の変わり者のお客さんだけがウケていた。

でも二人は決してそのスタイルを変えませんでした。客が笑ってなくても、自分たちが面白いと思うネタをやる！（これだけ聞くと、めちゃくちゃ格好良いコンビですよね……）

とはいっても、リットン調査団だって、いわゆるお笑いコンクールで高い評価を得たこともあります。1988年に今宮戎神社こどもえびすマンザイ新人コンクールの「こども大賞」を受賞しました。これはこのコンクールの中の3番目に良い賞で、91年にはナインティナインも受賞しています。

そんなリットン調査団に憧れて、自分たちが好きなネタをやる芸人、やりたいネタだけをやる芸人が徐々に増えていきました。バッファロー吾郎、ケンドーコバヤシ、なだぎ武、野性爆弾、レイザーラモンなど様々な後輩に影響を与えているのです。当の本人たちは一向に売れていませんが。

話を当時に戻すと、リットン調査団がコンビで東京に進出するには、かなり時間がかかりました。水野さんの決心がなかなかつかなかったのです。ようやく上京した頃には、少しハゲたおっさんになっていました。喋り方も大阪のおっさん丸出しな上、大阪のテレビでも珍しいほどのキツイ大阪弁なので、上京当時はまったく言葉が通じません。

喫茶店で若いウェイトレスに注文を聞かれると、

「れーこーくぅらあい」「は？」「だから、れーこーくぅらあい」「はい？」「れーこー、や」「え？」。読者の方はわかりましたか？

「れーこー」は「冷コー」で「冷たいコーヒー」を「くぅらあい」。そうです、正解は「アイスコーヒーをください」です。

この話は藤原さんから聞いたのですが、「相方はわざとキツイ大阪弁で笑かそうとしとるんやなく、ただ単に大阪弁がキツすぎて女の子はわからへんねん。でも芸人やったらすぐ察して『ゴメンね、わからへんねんな。アイスコーヒーやねん』って言い直したら良いのに。本心から『れーこーくぅらあい』が通じると思ってる。いつの時代や思ってるねん！」と黒澤監督に嘆く三船敏郎状態でした。


話は変わりますが、2001年に千原ジュニア君がバイク事故で生死の境を彷徨《さまよ》っている時、夢の中でリットンの二人に会ったそうです。水野さんも相方の藤原さんもコントの小道具の大きな花びらを顔の周りに装着していて、「こっちにおいでよ、早く！」と笑顔で手招きしながら川向こうからジュニア君を呼んだそうです。

まさかの登場に一瞬嬉しかったものの、「あの川の向こうには行ったらあかんな」と直感で思ったジュニア君はその場に留まりました。すると、ゆっくりと意識が戻り一命を取りとめたそうです。

「あのままリットンさんの手招きする方に行っていたら確実に死んでたと思います。あの川は絶対に三途の川です！」とジュニア君は真顔で言っていました。

生死の境を彷徨う後輩の脳内意識に紛れ込んだり、生きたまま三途の川の向こう側に行って戻ってきたり、そんなことができるのはリットン調査団だけでしょう。

コンビが共に東京進出した後、少しだけレギュラー番組の仕事がありました。「今ちゃんの中野探検隊」という深夜番組でした。

当時の若手と言われた芸人たちがそれぞれロケをしたＶＴＲを観る番組だったのですが、水野さんは「色んなものにぶつけられる企画」をしていて、過激だけれどものすごく面白くて私は大好きでした。

藤原さんの回でも触れましたが、リットン調査団を結成する時、水野さんは藤原さんを「俺が黒澤で君が三船」という殺し文句で口説いたそうです。つまり「自分が黒澤明監督のように脚本（コント）を書く、君は三船敏郎のように主役を演じてスターになれ！」という意味です。真面目に、心の底からそう語ったそうです。

そんな格好いいセリフから月日が経ち、どこでどう間違ったのか芸人としてなかなかうまくいかず、様々な体当たり企画をこの番組では実行していきました。

三船敏郎を目指した藤原さんが８メートルぐらいの高さから、地面に寝転んでる黒澤監督を目指した水野さんの顔に絹ごし豆腐を正確に落とすと、水野さんの顔に豆腐がべチャリ。

「絹ごし豆腐でも高さがあったら危険や！　死んでまうわ！」必死の訴えをする黒澤監督。そのVTRをみんなで大笑いして観ていました。

あまりに面白くて一度だけ、通天閣の上から地上にいる水野さんに絹ごし豆腐を落としたこともありました（今も昔ももちろんNGです！）。

「通天閣の上から落ちてくる絹ごし豆腐は凶器や！　ホンマに死んでまうわ！」魂の叫びをあげながら逃げる水野さん。他にも、1メートルの高さから大きなスイカを水野さんの頭のてっぺんに落とすと、その瞬間、水野さんの首が体にめり込みました～。こちらも、今も昔ももちろんNGですが、ものすごく面白かったのも確かなのです。

「走ってくる軽トラがブレーキをかけて止まる瞬間に水野さんにぶつかる」という企画もやりました。当たり前ですが、走ってくる軽トラが人にぶつかったらダメです（しっこいようですが、今も昔ももちろんNGですよ）。ですが、当時はこれにハマって、軽トラからトラックになり、最後は観光バスになりました……。

こんな無茶苦茶な企画ばかりやっていたので、番組は案の定すぐに終わりました。しかしその後も水野さんは、ダウンタウンさんの深夜番組などで輝きを放ちます。

体を張って笑いをとっていた若手時代の水野さん。目隠しをされた顔の上に、ロープで吊るされた大きな金だらいが落とされそれをギリギリのところでロープを引いて止める、勇気試しのゲームでも水野さんは大活躍。ギリギリで止められることもあれば、思い切り金だらいが当たり額から出血することもあり、とにかくみんなで大笑いしていました（その金だらいはいつしか「ミズノゴロシ」と呼ばれたほど）。その後も「水野キングダム」という水野さんの冠番組までできました。

しかし……やはりどれも長続きはしませんでした。徐々に仕事は減り、後輩芸人にどんどん追い越されていきます。ついには新宿のルミネtheよしもとの新喜劇の出番だけになりました。

そんなある日、水野さんは唯一の仕事である新喜劇の仕事を断ったのです。

「大衆に迎合するような笑いはやりたくないねん。人の書いた台本でウケようがスベろうが充実感なんてないねん。イヤやねん」

水野さんの笑いの哲学だから、仕方ありません。お金のために笑いをする芸人もいれば、お客さんの笑顔のために笑いをする芸人もいる。そして自分が好きな笑いだけをする芸人だっていてもいい。全部正解だと思います。

ただ水野さんはコンビです。相方の藤原光博さんとしては、「新喜劇の仕事もコンビの仕事もピンの仕事も全部やりたい」というからうまくいかない。結果、二人の仕事は激減します。吉本から給料明細が届くこともなくなりました。40代後半から再びアルバイト生活です。ツライに決まってます。

1年間でコンビの仕事がたった8本しかない年もあり、二人が顔を合わせる機会も自然となくなりました。藤原さん曰く、「たまにSNSで『リットン　水野』で検索して相方の安否確認する」とか。想像を絶します。

そんな二人が2019年の4月、19年ぶりに単独ライブを行いました。もちろん私も観に行きました。直前に「水曜日のダウンタウン」に出演した影響で、会場は満席。

そこでのコントは私が初めてリットン調査団を観た35年前と全く変わらない世界観でした。おバカ過ぎるコントを全力でやる汗だくの二人のおっさん。舞い上がっていたのか、水野さんは途中何度かセリフが出てこなかったり噛んだりしていて、そんな姿にも私は妙に感動してしまい……会場中が大満足のライブでした。

ライブ終了後楽屋に挨拶に行きました。

「『水曜日のダウンタウン』で水野さんが便所掃除してる場面で『ザ・ノンフィクション』のテーマ曲が流れてきて、これはアカン！　と思って今日来ました」と伝えると、水野さんは少し照れたような顔をして、「ロケ中オモロイことめちゃくちゃ言ってんけどなぁ。途中でディレクターの人が気もそぞろやったから、ハハーン、こいつオモロイこと言うてもカットする気やなってすぐにわかったわ。そしたら案の定やで」

久しぶりに会った水野さんは確実におじいちゃんになっていましたが、話す内容、表情は当時のままでした。

「オンエアの次の日、バイト行ったらバイト先の若い兄ちゃんに『昨日テレビ出てましたよね！　スゴイですね！』って言われたから、『芸能人みたいやったやろ』って言ってやったわ。ほんなら、そいつキラキラした顔で『はい！』って言いよったわ！　まだまだテレビにはチカラあるで〜」
二人で大笑いしました。

最近こんなことしてます。　水野透（リットン調査団）

長原成樹監督（「探偵!ナイトスクープ」の元探偵）の『組織を震撼させた男』というVシネに、借金を返せず殺される社長役で出演したり、コンビの単独コントライブに向けてネタ考えたりしてます。

アルバイトも僕を離してくれません。アルバイトとは別れたいんですけどね。

加藤の「乱、乱、乱」、極楽とんぼ加藤

「上層部が変わらないなら、僕はこの事務所にいれない。辞めます！」

朝の情報番組「スッキリ」を観ていたら、司会の男が叫んでいます。

その男の名は加藤浩次。

「スッキリ」など、情報番組で司会をしているタレント。端正な顔立ちで、どんな相手にも忖度せずに自分の意見を言う男。時に言い過ぎて叱られたら、ニタ〜と人懐っこい顔で笑う男。

しかし、私や加藤を昔から知っている芸人はどうもしっくりこない。加藤浩次は極楽とんぼというコンビを組んでいて、やる事すべてが無茶苦茶だったからです。加藤の乱は1回だけじゃないんです。何度もありました。乱、乱、乱とまるでスキップするかのように、軽々と問題を起こしていきます。

19歳の時に劇団東京ヴォードヴィルショーのオーディションに受かり、北海道から東京にやって来た加藤。その劇団で、のちに相方になる山本圭壱君と出会いました。でも、

レッスンが始まって早々に、講師の人から「その声では役者になれないよ」と言われ、ヘソを曲げちゃったんですね。

そんな時、コント赤信号の渡辺正行さんが主催しているお笑いライブ「ラ・ママ新人コント大会」（ウッチャンナンチャン、爆笑問題などを輩出）を観に行って、「コント作ってテレビ出て、5年ぐらいしたら、俺たちもとんねるずぐらいにはなれるだろ」と、加藤は山本君にほざいていたそうです。

そして、自分たちでコントを考えて、「ラ・ママ新人コント大会」に挑みます（この時は、もう一人を加えた3人組でした）。ライブの中の「コーラスライン」というオーディションに出場したものの、結局、開始早々にお客さんから「面白くない！」と判断され、合図の挙手で不合格になりました。当たり前です。お笑いは、そんなに甘くはありません。

その頃から「役者よりお笑いをしたい！」という気持ちが強くなった加藤と山本は、東京ヴォードヴィルショーを辞め、当時東京吉本が新しいお笑いタレントを発掘するために開催していたオーディション「吉本バッタモンクラブ」に参加。見事合格して、1989年に吉本興業に入ります。

しかし、吉本芸人になってもすぐに仕事が入るわけもなく、競馬やパチンコに熱中して、気づいたら300万円もの借金をしてしまったのだとか。

手っ取り早く借金を返したかった加藤は、ホストにスカウトされました。歌舞伎町の店だと思ったら、連れて行かされた先は新宿2丁目。ホストはホストでも、ゲイ専門のホストのアルバイトでした。それも肉体関係を求められるゲイ専門のホスト。店では、加藤を含めて男性が10人くらい立って待っていて、お客さんが選んでくれるのを待つそうです。隣のホストがこう言いました。「割り切ったら稼げるよ。先月は60万円くらい稼いだ」。悩みに悩んだ結果、あまりの金欲しさに「割り切ろう」と決意しました。

そして、初めて指名がかかりました。そのお客さんは坊主頭で真っ白なファンデーションを塗ったおじさん。あまりの衝撃に、「俺、もう無理です！」と店長に言って、お店から走って逃げ出したそうです。これが最初の加藤の乱（run）か。

加藤の無茶苦茶なエピソードは数知れず。例えば、共に仕事がなかった先輩の山崎邦正（現・月亭方正）が当時付き合っていた彼女と一緒に加藤のアパートを訪れた時、加藤はいきなり山崎邦正の彼女へミル・マスカラスばりのフライングボディプレスをしたそうです。山崎は加藤と彼女がなんだかんだ楽しそうで、「やめろ！　何してんねん！」と言えず、後輩にボディプレスされてる彼女をモジモジしながら眺めていたそうです。

まだあります。相方の山本君たちとよくコンパを開いていたそうですが、コンパの終盤で必ずと言っていいくらい女の子を泣かしていたそうです。そして、そのコンパをめちゃくちゃにして、最終的に「帰れ！」と言うそうです。しかも、女の子たちが帰ろうとしたら、「飲んだ分だけ、３０００円置いてけ！」って金を徴収してから、帰らせるような男だったそうです。コンパして女の子たちにお金を請求するのは、私が知る限り、加藤とほんこんさんくらいです。さらに加藤は、コンパでいけすかない女がいるとチャーハンを注文して、その熱々のチャーハンをそいつにかけるという訳の分からない嫌がらせをする。

その当時、仕事といえば、テレビ番組の前説ぐらいしかありませんでした。よく加藤が遅刻して、山本君一人で繋いでいたそうです。しかも「新伍&紳助のあぶない話」の前説。私だったら怖くて、入り時間の30分前には行きます。でも加藤は来ません。山本君は一人で汗だくで喋ります。程なくして加藤がやって来ます。まるで主役が登場するかのように、色付きメガネとロングコートを着て。急いでいてロングコートを脱いでこなかったわけでも、コンタクトレンズをつける時間がなくて色付きメガネを掛けてるわけでもなく、当時の加藤は決まりの衣装のようにロングコートで舞台に立ち、色付きメガネを掛けてました。

その格好こそが誰とも被らないキャラだと、本人はいたって真面目に思っていたようです。ちなみに相方の山本君は当時、派手めの金のネックレスをしていましたから、観覧のお客さんにしたら、本番前の前説で、ロングコートに色付きメガネと金のネックレスの若手二人が喋り、本番になったら、バリバリに怖い山城新伍さんと島田紳助さんが登場するって……私だったら絶対に、ゲストとして出演したくない番組です。

やがて、フジテレビの「とぶくすり」という番組が始まりました。ナイナイ、よゐこの2組は決まっていて、総合演出の片岡飛鳥さんがあと1組を探していたときに、極楽とんぼを見つけたそうです。

極楽とんぼが片岡さんの前でネタを見せた時は、片岡さん的にはあまり面白くなく、「帰っていいよ」とダメ出ししたのですが、山本君が「まぁまぁ、いいじゃないですか。もう少し喋りましょうよ」と粘って、奇跡的にその後の喋りが面白くなり、ナイナイやよゐことはキャラが全然違うからいいんじゃないかってことで選ばれたそうです。その時も加藤はロングコートに色付きメガネのまま。片岡さんの加藤に対する印象は、「北海道からスター夢見てやって来て、馬鹿にされたくない感がバリバリ出てて、田舎者丸出しでイキがっていた」んだとか。

さて、私が初めて極楽とんぼと仕事をしたのは、笑福亭鶴瓶さんが司会の番組でした。そこで、とにかくビックリしたことを覚えてます。

番組の最後の最後に、鶴瓶さんがバスケットでフリースローを投げることになり、出演者全員が鶴瓶さんを中心に集まっていたのです。フリースローが見事に入ったら我々に賞金が入るって展開で、緊張の瞬間でした。すると、今まで端にいた極楽とんぼの二人が真ん中に静かに移動して、鶴瓶さんの背後に。私は鶴瓶さんの横にいたのではっきりと覚えています。「極楽、何するつもり?」。

鶴瓶さんはそんなことに一切気づかず、バスケットボールを手に、遠くにあるゴールのリングを真剣に見ていました。出演者全員が鶴瓶さんのシュートの瞬間を待っていました、加藤以外は。

次の瞬間、加藤は自分で持っていたバスケットボールを鶴瓶さんの後頭部に投げたのです。そして、当たった鶴瓶さんは床に倒れ込みました。ほんの一瞬、スタジオが静まりかえります。当たり前です。大先輩が真剣にボールを投げようとしているところへ、誰かわからないぺーぺーのお笑い芸人が後頭部にボールをぶつけたんですから。

「誰や！　後ろからボール投げたやつ！」

立ち上がり、犯人を探す鶴瓶さん。しかし、スタッフ、演者のみんなが安心しました。鶴瓶さんがコミカルにツッコんでくれてたからです。ほんの一瞬の間をかき消すように、みんなで大爆笑。あの時の加藤は絶対に狂ってました。私は最近、加藤にその時の事を聞いたんです。「その番組で何の爪痕も残していなかったので、ここしかないなぁと思ってやりました。鶴瓶さんとは初対面で、博打でした。最悪キレられたら謝りゃいいかなぁ」。これも加藤の乱です。

さらに続きがあって、鶴瓶さんは「もう投げるな！」と言った後、こっそり加藤に合図して、自分が真剣にフリースローしようとするところでまた後頭部に投げさせたんです。加藤は鶴瓶さんがキレてないと気づくと、最初より強めに後頭部目がけて投げました。現場は楽しい大混乱でした。

終わってから鶴瓶さんは、スタッフ達に「極楽とんぼっていうんか。あいつらオモロイな」と言ってくれて、それがきっかけで「笑っていいとも！」のレギュラーにつながっていきます。

「夢は100人の男性にご奉仕する事です！」という道半ばの某セクシー女優に、楽屋で「その夢叶えるの手伝ってやるよ」という名目でこっそり口でご奉仕してもらったり、相変わらず無茶苦茶していたのですが、少しずつ仕事が増えていきます。


「めちゃイケ」の企画「爆裂お父さん」で、気に入らないゲストを最終的に加藤本人がジャイアントスイングする、番組開始当時から続いている人気コーナーがありました。若手の頃なら無茶もわかります。当時のフジテレビの人気女子アナ、高島彩さんにキャメルクラッチするなどは楽しく見てましたが、加藤自身も仕事の幅も広がり無茶をしなくてもいいのに、アイドルグループAKB48（当時）の渡辺麻友さんにジャイアントスイングして、それだけにとどまらず、渡辺麻友さんの顔を踏みつける暴挙に出ました。

スタッフも顔まで踏むとは思っておらず、加藤に殺人予告が出る事態に。渡辺麻友さんは大人ですから、後に「あれが私のターニングポイントになりました。感謝してます！」と訳の分からない事をお話しされてましたが、多分、顔を踏まれた後遺症だと私は思っています。

偉そうにいう私も昔、「ダウンタウンのごっつええ感じ」の「キャリー東野　アイドル虎の穴」というコーナーで、アイドルや女性タレントと結構ガチなプロレスをしていました。グラビアアイドルの女の子にバックドロップやキャメルクラッチからの、鼻の穴に指を入れたり、ドロップキックやボストンクラブ、最終的には往年のアイドル天地真理さんと電流爆破マッチまでやっていたのですから、加藤の事をとやかく言う資格はありません。完全に我々二人はやり過ぎ。加藤と東野の乱でした。

日米の狂犬が最接近したこともありました。相手は、狂犬アメリカ代表の元NBAバスケットプレーヤー、デニス・ロッドマンです。7年連続のリバウンド王、全身タトゥーで顔には無数のピアスの悪童デニス・ロッドマン。対する日本代表は加藤浩次。手押し相撲で数々の人気俳優を倒し、ゆるキャラのパイオニアふなっしーを付度なしに生放送の相撲で思いっきり投げ倒し、後にふなっしーの頭のヒマワリを引っこ抜いた男。そんな二人がフジテレビ「27時間テレビ」のエンディングで出会いました。

この時、デニス・ロッドマンはゲスト出演。加藤はこんなスターを拝める機会なんかもう二度とないからと、ジロジロ見ていました。するとデニス・ロッドマンの通訳が加藤のところにやって来て、「ロッドマンが『ジロジロ見ているコイツは殺していいのか?!』と言ってます」と伝えたそうです。それを聞いて、加藤は怯えるどころか喜び、「面白くないですか！　ロッドマンが俺を殺そうとしてるんですよ！」と。もしかしたらロッドマンがいきなり加藤の胸ぐらを摑んでいたのかもしれません。もしかしたら203センチの身長から加藤の頭に本気の頭突きを喰らわせたかもしれません。そんな事になったらどうなっていたんだろう？　やられた加藤はきっとニヤニヤしながら暴れたんだろうな。

「痛《い》ってぇな！　バカヤロー！　やっていいことと悪いことがあんだろう、ロッドマンよ！」。残念ながら、この加藤の乱は未遂に終わりました。

仕事のステージがどんどん上がってきてるのに、新人の頃と変わらず自分の直感を大事にして、それを笑いに変えていきます。

そんな中、ビックリするような仕事が舞い込みます。日本テレビの朝の情報番組「スッキリ」、月曜日から金曜日までの生の情報番組です。それも司会。加藤は「めちゃイケ」の片岡飛鳥さんに相談します。

「日テレが朝の情報番組の司会やりませんか？　ってきてるんです。朝も早いし断ろうかと」

「絶対やったほうがいい！　結果、早く終わっても『朝に相応しくなかった男』というキャラもできるし」

「そうだな。笑いになればいいか。どうせ半年で終わるだろうし」

加藤は、そんな軽い気持ちで引き受けたそうです。加藤の今までやってきた悪行三昧を知ってる我々からしたら、これは加藤の乱ではなくて完全に日テレの乱です。

しかし「スッキリ」が始まって3カ月後に、相方の山本君の不祥事で涙ながらに謝罪するとは思ってもいなかったでしょう。何があったのか？　山本君は、未成年女性に年齢を偽られていたとはいえ、淫行条例違反で吉本興業を解雇されたのです。後に少女側と示談が成立し不起訴処分になりました。

この件で加藤は「スッキリ」の中で謝罪をしました。

「山本のした反社会的行為は決して許されるものではない。会社が下した解雇という結論を、山本には深く受け止めてもらいたい。16年連れ添った相方がこういう形で報道されるっていうのはすごい腹立ちますし、情けないし、気持ちの整理がついていない状況です。本当に申し訳ありませんでした」と、一言一言、涙を流しながら必死に謝り深く頭を下げました。今度は山本の乱です。

山本君が解雇になった後も、加藤は会社にお願いして、山本君の復帰をお願いし続けました。そして、加藤は山本君がいつ帰ってきてもいいように死ぬ気で仕事を頑張りました。ここで加藤の仕事がなくなれば極楽とんぼは終わりだからです。いつ辞めてもよかった「スッキリ」はものすごく大事な番組になり、他にも新しい情報番組やサッカー番組など、お笑い以外の仕事も精力的にやりました。極楽とんぼというコンビがなくならないために……って言いながらも、時には狂犬の加藤が出てきます。

そして、山本君の復帰には10年の歳月がかかりました。

その舞台はやっぱり「めちゃイケ」でした。リングの上で極楽とんぼが向かい合います。やっぱり加藤は吠えます。

「二人でカメラに映ってどういう気持ちだ?」「当たり前じゃねぇからな、この状況! いつか『めちゃイケ』が番組にしてくれて、番組に戻れる? そんなことねぇからな! 世間から何も受け入れられてない人間がテレビなんかに出れねぇんだよ!」

相方を想う魂の叫びのお陰なのかは定かではありませんが、山本君は吉本に復帰します。

しかし、3年後の2019年、加藤は「スッキリ」の番組内で吠えました。吉本闇営業問題です。

雨上がり決死隊の宮迫博之、ロンドンブーツ1号2号の田村亮など数名が、反社会勢力のパーティーに吉本に内緒で行った闇営業が週刊誌にスッパ抜かれて、思わず「そのギャラをもらっていない」と宮迫が嘘をつき、一緒に行った後輩たちを巻き込みました。それがきっかけで吉本が宮迫と亮に引退か契約解除を迫ったのに対して、宮迫、ロンブー亮の涙ながらの記者会見に発展して泥沼の展開になっていったのです。

加藤が「スッキリ」で宮迫と亮のVTRを観終わって徐々にヒートアップしていったのです。

「本当に怒りがこみ上げてくる」最後には、「上層部が変わらないなら、僕はこの事務所にいれない。辞めます!」と生放送で発言しました。あの時のこの発言は彼の本心だったのでしょう。

吉本興業に激震が走りました。

「え！　加藤が吉本辞めるの？」

「大崎会長、岡本社長が辞めるの？」

大騒ぎです。ワイドショーは連日報道しました。加藤の発言に賛同する芸人。加藤の発言に意を唱える芸人。これが世に言う加藤の乱です。

加藤は吉本と話し合いを持ちました。更に心配するたくさんの芸人と話をしました。加藤が下した結論は吉本に残りエージェント契約を結び、今後もテレビ、ラジオなど今までの仕事は吉本を通じてするというものです。みんな胸を撫で下ろしました。

余談ですが、この発言に感動したのは同じ北海道出身の平成ノブシコブシ吉村君。「加藤さんが辞めるなら俺も辞めてついて行きます！」と加藤に電話したそうです。でも、「辞めるときは俺一人で辞める！　お前はついてくるな！　関係ない！」と一喝されました。これが世の中に全く知られていない吉村の乱です。もちろん不発に終わりました。

加藤の乱の騒動が終わってから、山本君が今回の事で愚痴ってました。相方の山本君にまったく相談がなかったそうです。

その事を、極楽とんぼのラジオ番組で山本君は加藤に聞いてました。「何で俺に相談ないの？」。すると加藤は「お前は口が軽いからな」と笑いにし、少し真面目に「10年かけて戻ったんじゃん。それで俺に引きずられてというのも悪いな、と思って」と。山本が「30年、とんぼちゃんやってんだから、たまにはいい意見出すだろ」と明るく返すと、今度は加藤が笑いながら「30年やった結果が言わない方がいいという判断だったんだよ」と口にして、二人で大笑いしてました。

現在、加藤は劇場でネタをやりたい山本君を気にも留めず、クレー射撃に夢中だそうです。ネタの方は、70歳になってから二人でケンカコントをして、どちらかがそのケンカコント中に亡くなってた！　というのを狙っているんだとか。

最近こんなことしてます。　加藤浩次（極楽とんぼ）

もう、乱はこりごりです。

東野幸治という「実力」しかない男

西野亮廣（キングコング）

もはや国民の皆様の知るところではありますが、溺れている人間に手を差し伸べて、すがって来たタイミングを狙って蹴り落とすような人間です。

こんなことなら最初から見捨ててくれた方がまだマシで、一瞬でも「助かる」と思った分、傷口は拡大します。

御両親がプレゼントしてくれた「幸せに治める」という名を裏切り続け、今となっては、「人間」として残っている部分は外見だけで、中身は黒色の何かです。

たった数行の行間から恨みが滲み出ている理由は、僕自身が東野幸治の被害者であるからにほかなりません。

数年前、彼は『アメトーーク！』（テレビ朝日）で「スゴイんだぞ！西野さん」という企画を用意してくれました。

楽屋挨拶に伺った僕に「バラエティーだから、そりゃ、面白おかしくイジらせてもらうけど、ただ、西野君の凄さは余すことなく伝えたいと思っている」と真っ直ぐな目で言ってくれたことを、今でも鮮明に覚えています。


その言葉に嘘はなく、その時、彼が手にしていたのは僕の最新刊（ビジネス書）で、そこには付箋がビッチリと貼られていました。

なんと、丸1時間かけて僕の最新刊を紹介してくれるというのです。

「東野さんが、『アメトーーク！』で終始、西野の最新刊を宣伝してくださるらしい」という噂は、すぐに駆け巡り、出版社は番組放送前に超大型重版を緊急決定。

万全の体制で、まもなく本屋に殺到するお客さんに備えたのですが、番組放送と同時に最新刊の売り上げがピタリと止まりました。

人気番組を巻き込んだ東野幸治によるマイナスプロモーションが見事に決まったのです。

僕の最新刊の中に書かれている「ドキドキしてる?」という一文は、今となっては、最先端のギャグとして、お茶の間に伝わっています。

先日も、学園祭で学生さんから「西野さ〜ん。ドキドキしてるぅ?」と言われましたよ。おい、コラ。

恨みをあげればキリがないのですが、年に一度ほど、二人っきりで御食事をさせてもらう機会があります。

そこにいる東野幸治は、僕の近況報告を「ウンウン」と笑顔で受け止めてくださって、まるで母のよう。

どこを切り取っても、あのような悲惨な事故を量産する生き物にはとても思えないのです。

「あれは何かの間違いだったんだ。僕が穿った見方をしていただけで、東野さんは、やっぱり、とっても優しい人なんだ」と考えを改めたのも束の間、また東野幸治が棲む現場に足を運ぶと、殺されます。

もう、ずっと、このSMが続いています。

きっと、僕と同じように餌付けされ、なぶり殺されている人間は一人や二人ではないはず。

3桁はとっくに超えているでしょう。

芸能界は人が人を選ぶ世界ですので、「あの人、ちょっとイヤだなぁ」というタレントさんは見事に淘汰されていきます。

ところが、そのルールだと誰よりも先に淘汰されるハズの東野幸治は今日も元気いっぱいテレビに出ています。

性根の芯まで腐りきり、人として評価される部分が一つもないのに、東野幸治は、もう随分と長い間、芸能界の一線を走っています。

こうなってくると、彼がこの世界で生き残っている理由は、いよいよ一つしかありません。

「実力」です。

売れている先輩方は、才能を兼ね備えているのは勿論のこと、総じて人格者です。売れている理由の一部には「イイ人ポイント」が入っているでしょう。ところが東野幸治には、そんな温かいポイントは1ミリも入っていません。己の腕力のみで、荒波をかき分け、ズイズイ進んでいるのです。温もりを知らずに生まれ、今後も知るつもりがない「芸能界のハイパー・バトル・サイボーグ」、それが東野幸治です。

僕のような「いかなる場合も話し合いでの解決を望み、皆で手を繋いで一緒に前に進みたい『温もり世界の住人』」にしてみると、ブンブンと腕を振り回しながら道の真ん中を歩く東野幸治は恐怖でしかないのですが、他方、「仲良しこよし」が苦手な人達からすると、東野幸治は一つの「希望」なのかもしれません。

「圧倒的な実力さえあれば生きていける」を体現している存在なので。

今回、「あとがき」の依頼を頂戴した時に、「ようやく東野幸治の評判を下げるチャンスがきた！」と喜んだものですが、東野幸治の人間性を悪く書けば書くほど、「実力」が浮き彫りになり、この文章も「結局、東野さんってスゴイよね」みたいなところに着地しそうで、すっごいイヤなので、読者の皆様にこれだけは言わせてください。

吉本興業の闇営業問題の時の『ワイドナショー』（フジテレビ）の生放送で、後輩や会社の未来を想った東野幸治が流した涙に、多くの方が胸を打たれたと思いますが、あれは確実に「嘘泣き」です。

東野幸治というのは、そういうことが平気でやれてしまう獣なんです。

どうか皆様、東野幸治に騙されないでください。

最後に、東野さんへ。

また、ご飯に連れてってください。

この素晴らしき世界　あとがきにかえて

吉本の劇場、テレビ・ラジオ局の楽屋、食事の席、お酒の席などで芸人さんたちから溢れ出るネガティブな言葉、ただの誹謗中傷、聞くに堪えない悪口などが、なんだか人間味があって、私はとても好きです。

「今日、客悪いな」「ここの劇場、満員になってるの見たことないわ」「あいつら、あのネタばっかりやってるな」「客にはウケてるけど、芸人誰も笑ってないで」「あのコンビ、よくネタパクるよな」「芸人は舞台が大事や」「テレビばっかり出てたら、劇場でネタやってもウケへんで」「あいつら、芸人ちゃう、タレントや」「情報番組しか出てない」「吉本制作の番組をレギュラー1本と勘定するな」「売れてる先輩みんなが乗ってる飛行機、落ちてくれへんかな」「いつになったら会社、契約の話に来るの」「ネタはウケて当たり前やねん」「あそこのコンビ、解散するらしいで」「毎月100万円、20年あったらええなぁ」「えっ！　まだバイトしてるの」「YouTubeの何がおもろいの?」「テレビは終わった。これからはYouTubeやろ」「なんであいつにイジられなアカンねん」「あと、おもろいネタ3本できたらええ」「あいつ、なんで挨拶せえへんねん」「いつまでギャラ5000円やねん」「会社はあいつら推してるらしいで」「テレビでコントがしたい」「あの先輩と飯行ったら、最後は自慢話になるから嫌やねん」「吉本辞めて、ユーチューバーになろかな」「いつから浮気したらあかんようになってん」「芸能人とエッチしたい」「悪口ばっかり言う奴嫌いやねん」「とにかく売れたい」「面白いことはあきらめた」「自分が50歳になることは考えないようにしている」

この世界って素晴らしいと本心で思うのですが、コレって間違いですかね？

東野幸治

本書は、「週刊新潮」2017年12月28日号から2019年8月29日号連載の「この素晴らしき世界」を加筆・修正のうえ、再構成したものです。

この素晴《すば》らしき世界《せかい》

発　行　2020年2月25日
3　刷　2020年3月20日
著　者　東野幸治《ひがしのこうじ》
発行者　佐藤隆信
発行所　株式会社新潮社
〒162-8711　東京都新宿区矢来町71
電話　編集部　03-3266-5550
読者係　03-3266-5111
https://www.shinchosha.co.jp
印刷所　大日本印刷株式会社
製本所　加藤製本株式会社

乱丁・落丁本は、ご面倒ですが小社読者係宛にお送り下さい。
送料小社負担にてお取替えいたします。
価格はカバーに表示してあります。
ISBN 978-4-10-353161-6 C0095